W0372434

Chérie, j'ai rétréci la droite !

Dans les secrets de la relation Macron-Sarkozy

DES MÊMES AUTEURS

Olivier Beaumont

Dans l'enfer de Montretout, Flammarion, 2017
Les Péchés capitaux de la politique, Flammarion, 2019

Nathalie Schuck

Coups pour coups. Petits secrets et grandes manœuvres du duel Hollande-Sarkozy, avec Nicolas Barotte, Éditions du Moment, 2012
Ça reste entre nous, hein ? Deux ans de confidences de Nicolas Sarkozy, avec Frédéric Gerschel, Flammarion, 2014
Madame la Présidente, avec Ava Djamshidi, Plon, 2019

Olivier Beaumont
Nathalie Schuck

Chérie, j'ai rétréci la droite !

Dans les secrets de la relation Macron-Sarkozy

Robert Laffont

ISBN : 978-2-221-25608-4
Dépôt légal : novembre 2021
Éditions Robert Laffont – 92, avenue de France 75013 Paris

« En politique, on succède à des imbéciles et
on est remplacé par des incapables. »

Georges Clemenceau

Prologue

À l'abri des murs du Palais, le président enchaîne les conseils de défense. En ce mois de mars 2021, quatrième hiver de son mandat, une nouvelle vague du Covid-19, la troisième déjà, s'abat sur l'Hexagone. Face aux restrictions qui n'en finissent pas, les Français, ballottés de couvre-feu en confinement, cèdent à une résignation triste. Pire encore que la colère. À force de crises, l'image d'Emmanuel Macron s'est ébréchée. On ne le regarde plus comme ce jeune premier qui bouscule l'ordre établi, mais comme un homme au pouvoir solitaire devenu le jouet de la technocratie. Il s'est normalisé, a perdu sa fraîcheur, sa force de « disruption », bande-annonce tant vantée de la « *start-up nation* ». Et s'il était à son tour victime du « syndrome Churchill » qui guette tout capitaine de crise ? « Sir Winston avait un bilan : il avait vaincu Hitler, organisé le sommet de Yalta et évité un conflit avec les Russes », relève un ministre. En juillet 1945, les électeurs britanniques le remercièrent en le renvoyant à ses pénates. « Le risque pour le président, c'est d'être associé au cauchemar du Covid et de finir comme Clemenceau, balayé parce que les Français voulaient les Années folles. Il ne les faisait plus rêver. » Dans moins de quatre cents jours, songe Emmanuel Macron, il remettra son mandat en jeu dans les urnes. Modeste consolation, l'opposition ne prospère pas. Comment reprendre la main et réussir l'exploit de devenir le premier président réélu, hors de toute cohabitation ?

En marge des célébrations de la Journée internationale des droits des femmes, le président converse avec l'un de ses mentors, Alain Minc. L'essayiste a repéré ce fringant inspecteur des finances dès sa sortie de l'ENA. Ils ne se sont plus jamais quittés, échangeant des nouvelles, dînant en couple avec leurs épouses. C'est lui que Brigitte Macron appelle lorsqu'elle s'inquiète pendant la campagne de 2017 que son mari ne touche plus terre et se prenne « pour Jeanne d'Arc ». Emmanuel Macron, entouré au Palais de costumes anthracite, aime les fulgurances de cet esprit toujours pétillant. Ce 8 mars, l'éminence grise des grands dirigeants lui soumet une idée décapante, qu'il a imaginée avec l'un de ses vieux complices pour sortir le quinquennat de la torpeur. Elle ne peut fonctionner, intime-t-il, que si elle reste strictement confinée dans la messagerie du président. « Voici une idée que tu vas peut-être trouver folle, mais qui mérite néanmoins un instant de considération et qui, si tu la prends au sérieux, doit être traitée avec le même secret absolu qu'un code nucléaire », entame Alain Minc, captant aussitôt l'attention de son illustre interlocuteur. « Tu vas à la télévision le 15 septembre prochain et tu dis aux Français : "Nous sommes dans un moment clé. La relance économique se passe bien, mais ce pays ne peut pas perdre de temps. Deuxièmement, il y a un événement qui n'a lieu que tous les treize ans et demi : la présidence française de l'Union européenne, qui doit être une splendide réussite française. Troisièmement, vous me voyez, moi, faire campagne depuis l'Élysée ?

Je vous annonce que mes fonctions de président de la République prennent fin demain à midi et que je serai candidat à l'élection présidentielle qui aura lieu, sous la présidence intérimaire de Gérard Larcher, dans trois semaines." »

Un coup de force ? Juridiquement parlant, l'hypothèse est tout à fait légale. Le scénario est détaillé à l'article 7, alinéa 4, de la Constitution de 1958. En cas de vacance du pouvoir pour cause de démission du chef de l'État, l'intérim est assuré par le président du Sénat, à défaut par le gouvernement. Avantage non négligeable : le président intérimaire n'a pas les mains libres, puisqu'il ne peut dissoudre l'Assemblée nationale ni soumettre de projet de loi à référendum. Un nouveau scrutin présidentiel doit être convoqué sous vingt à trente-cinq jours au maximum. Ce faisant, Emmanuel Macron ne ferait que marcher dans les pas du général de Gaulle. À l'aube du 28 avril 1969, les Français sont cueillis à froid par ce communiqué lapidaire du grand homme, défait lors du référendum sur la réforme du Sénat et la régionalisation : « Je cesse d'exercer mes fonctions de président de la République. Cette décision prend effet aujourd'hui à midi. » Détail méconnu, à midi pile, alors que le mandat du Général vient d'expirer, le patron du Sénat Alain Poher n'a toujours pas reçu la lettre du président du Conseil constitutionnel, Gaston Palewski, officialisant sa nomination à titre provisoire. Que faire ? Se rendre de son propre chef à l'Élysée pour prendre possession de ses nouvelles attributions ? La missive arrive sept minutes plus tard au palais du Luxembourg, déposée à son intention sur un plateau d'argent. Sept minutes durant, la France n'avait plus de président. En parfait scénariste, Alain Minc imagine les retransmissions en direct des chaînes info, filmant le camion de déménagement en train de franchir la grille du palais présidentiel. À l'intérieur, les affaires du couple Macron partant se réinstaller dans son appartement rue Cler, dans le VIIe arrondissement.

Sur le papier, l'opération démission-réélection est séduisante. Emmanuel Macron est un homme à « prendre son risque », l'une de ses expressions favorites. Ainsi renouerait-il avec le candidat iconoclaste et audacieux de sa campagne victorieuse de 2017, à la croisée de Bonaparte et du général de Gaulle. Il reprendrait politiquement la main en désarçonnant l'opposition, prise de court. En panne de candidat naturel, le parti Les Républicains, son principal adversaire, n'aurait pas le temps de réagir. Le président des Hauts-de-France Xavier Bertrand ne s'est pas encore déclaré officiellement et le maire de Troyes François Baroin joue les filles de l'air. Le poison peut même devenir mortel avec Gérard Larcher à l'Élysée, si jamais il lui prenait l'idée de postuler, comme Alain Poher en 1969, à la présidentielle. La gauche, déjà dynamitée, jouerait les utilités et l'émergence d'Éric Zemmour serait peut-être enrayée. Le président sait, qui plus est, que ses deux prédécesseurs ont mal fini. Nicolas Sarkozy a été vaincu. Et François Hollande n'a pu se représenter. Comme une piqûre de rappel, l'ancien président socialiste intervient ce 8 mars 2021 dans l'émission du journaliste Samuel Étienne sur la plate-forme Twitch. « Mon grand regret, confesse-t-il, c'est de ne pas m'être représenté. »

Emmanuel Macron étudie la proposition d'Alain Minc. Elle tourne dans sa tête, virevolte. Il joue avec. Elle lui ressemble tant. Ce serait un coup de maître. « Oui, l'idée présente des avantages », répond-il aussitôt à son vieil ami, en le priant d'affiner les détails juridiques. Il veut savoir combien de temps durerait la campagne, qui fixerait les règles du jeu, du président par intérim ou du

Conseil constitutionnel. « Tout cela se regarde de près. Mais cela se regarde en effet », convient-il sans jamais s'offusquer de cette hypothèse radicale, avant de conclure : « Quand tu es prêt, tu me dis. »

Il s'en ouvre à sa garde rapprochée à l'Élysée. Laquelle le dissuade aussitôt. En 1997, lui rappelle-t-on sèchement, Jacques Chirac a payé cher, lors d'une opération similaire, d'avoir dissous l'Assemblée nationale. On ne joue pas impunément avec les institutions. Un an plus tôt, l'idée n'avait-elle pourtant pas déjà effleuré quelques esprits au sein de la macronie ? Le 11 juin 2020, *Le Figaro Magazine* diffuse un article édifiant faisant état d'une conversation en visioconférence entre Emmanuel Macron et des membres du premier cercle des donateurs de sa campagne de 2017 à Londres[1]. Devant eux, rapporte l'hebdomadaire, le chef de l'État aurait brandi la possibilité de présenter sa démission pour déclencher une élection présidentielle anticipée « dans les semaines ou les mois à venir ». Ajoutant même : « Je suis sûr de gagner, car il n'y a personne en face. » Objectif affiché de l'opération : prendre de vitesse l'opposition. L'Élysée publie rapidement un démenti à l'AFP : « Le président de la République n'a jamais évoqué sa démission. Il n'a jamais participé à une visioconférence avec des donateurs. » Il est désormais, à tout le moins, permis d'en douter.

Durant tout son quinquennat, Emmanuel Macron s'est évertué à affaiblir l'opposition pour la tuer à petit feu, vampirisant les Républicains, débauchant leurs plus beaux cerveaux, puisant dans leur corpus idéologique,

1. « Emmanuel Macron, la tentation d'une démission-réélection », *Le Figaro Magazine*, 11 juin 2020.

tel un *copycat* politique (*NdA* : tueur imitant un *serial killer*). Avec, durant la première moitié de son mandat, la complicité d'une haute personnalité officiellement retirée des affaires, mais ô combien active dans l'arrière-boutique : Nicolas Sarkozy, persuadé qu'il allait faire de ce président novice une marionnette à sa main.

Entre ces deux « mâles alpha », comme ils aiment à se présenter, qui domine l'autre ? Qui détient le leadership sur la famille politique de la droite ? Côté pile, ils semblent si complices. Côté face, ce sont des concurrents. Au commencement de son mandat, Emmanuel Macron consulte l'Ex, séduit par ses intuitions foudroyantes. Aux pires heures des Gilets jaunes, il l'associe, s'inspire de ses préconisations. Toujours il le traite, sans que l'on sache si ce « prince de l'ambiguïté », selon le mot du député LR Julien Aubert, est sincère ou cherche à l'instrumentaliser. D'abord conquis par ce jeune homme si poli dont la victoire au culot l'a bluffé, Nicolas Sarkozy perçoit rapidement ce qu'il peut en tirer pour continuer à peser. Lui qui a affronté le grand krach financier de 2008 et l'épidémie mondiale de grippe H1N1 déchante pourtant vite, sceptique sur la solidité de son cadet face aux crises. Trop techno, trop sûr de lui, mal entouré, cingle-t-il. Des remarques d'abord proférées en très petit comité. Car jamais l'ancien président ne veut se comporter comme François Hollande, à qui les deux hommes vouent une commune détestation. De plus en plus bruyantes, ses critiques finissent par arriver jusqu'aux oreilles de son successeur à l'Élysée. La relation se tend. Jusqu'au point de rupture ?

Le palais présidentiel comme les bureaux de l'ancien président sont deux maisons bien gardées, aux murs épais. Aux premières loges, de nombreux témoins nous ont aidés à les percer. Durant ces mois d'enquête, les quelque soixante-dix entretiens que nous avons conduits auprès d'élus, de ministres actuels et anciens, de conseillers officiels et d'éminences grises qui, pour beaucoup, ont accepté de s'exprimer à visage découvert, nous ont permis de lever le mystère.

De quel côté penchera le pouce de Nicolas Sarkozy au moment de décider du sort d'Emmanuel Macron, lorsque sonnera l'heure de remettre son mandat en jeu ? C'est l'histoire d'une symbiose qui vire à la rivalité. D'une complicité qui tourne à la compétition. D'un vaincu qui jamais ne renonce. D'un séducteur qui dissimule son véritable visage pour hypnotiser l'adversaire. Une relation inédite depuis 1958 entre un ancien président et son successeur.

PREMIÈRE PARTIE

L'IDYLLE

1

Ils se sont tant aimés

Une main. Une simple main, pudique et tendre à la fois, posée l'espace d'un instant sur le genou de l'ancien président. Un geste d'une intimité inouïe, celui d'un fils pour son père, qui va rendre fous de rage les Républicains. En ce dimanche de mars 2019 à la nécropole de Morette (Haute-Savoie), le chef de l'État achève son discours en hommage aux maquisards tombés sous les balles des nazis et des miliciens français en 1944. Il rejoint dans le public son illustre invité, installé à sa droite : Nicolas Sarkozy, qui, lorsqu'il était à l'Élysée, venait tous les ans en pèlerinage en ce haut lieu de la Résistance. «C'était très bien», murmure l'aîné, le regard velouté. Tactile, Emmanuel Macron ne peut réprimer un geste d'émotion quasi filial. Capturée par les caméras venues filmer le 75e anniversaire des combats du plateau des Glières, cette main présidentielle flattant la cuisse de son prédécesseur dit tout de la relation qu'entretiennent Emmanuel Macron et Nicolas Sarkozy en ce mitan du quinquennat. En la découvrant, l'encore numéro un des Républicains Laurent Wauquiez, venu accueillir les deux hommes en tant que président de la région, a l'air d'avoir mordu dans un citron.

Comment Nicolas Sarkozy peut-il manquer à ce point à sa famille politique alors que se profilent, deux mois plus tard, des élections européennes capitales pour l'opposition ? À droite, où le « hold-up » macroniste de 2017 reste un traumatisme, on s'étrangle de le voir pactiser avec l'ennemi.

Petit club

Et s'il n'y avait que cette main. Les *happy few* qui ont assisté au spectacle insolite de ces deux présidents se tordant de rire dans le Falcon qui les conduisait, dans la matinée, vers l'aéroport d'Annecy, en gardent un souvenir saisissant. Qui a ouvert les hostilités ? Sarkozy, qui a toujours dix anecdotes savoureuses à raconter, souvent à sa gloire ? Ou Macron, jamais en reste lorsqu'il s'agit de plaisanter ? « Comment allez-vous, mon cher Emmanuel ? Pas très bien, si j'en crois la presse ! » entame l'Ex, l'air faussement compassé, alors que la carlingue fend les airs. Dans *Le Parisien* du matin, un article détaille l'état de fatigue intense de l'hôte de l'Élysée, « proche du *burn out*, rincé, isolé », selon le quotidien, après des mois de mobilisation violente des Gilets jaunes. « Je fais au mieux, monsieur le Président ! reprend Macron, feignant quelque maladie imaginaire. Si j'en crois les journaux, je suis à l'article de la mort ! » Dans le carré aux fauteuils damassés de cuir beige, les ministres Jean-Michel Blanquer et Sébastien Lecornu, spectateurs interdits de ces échanges goguenards, répriment un fou rire. Jamais avare d'une remarque acide, Nicolas Sarkozy en profite pour passer en revue les membres du gouvernement issus du MoDem. Il n'ignore pas que l'Élysée prépare un remaniement ministériel. S'il peut pousser dans le fossé quelques amis de François Bayrou… Il cultive à son endroit une haine inextinguible pour avoir choisi Ségolène Royal en 2007. À ses yeux, les centristes sont des animaux invertébrés. «Franchement, votre ministre des Collectivités, Mme Gourault [*NdA* : Jacqueline], c'est pas glorieux!» Prudent, Emmanuel Macron sourit, mais se garde de commenter. Il sait son prédécesseur bavard et redoute les fuites. «Parce que c'était mieux à votre époque? Vous voulez qu'on vous ressorte les noms?» riposte-t-il, moqueur, en saisissant du bout des doigts le croissant que lui tend l'hôtesse de bord. «Excusez-moi, si ça devient personnel…», achève Nicolas Sarkozy, hilare.

Ces deux grands fauves que tout sépare, à commencer par leurs vingt-trois années d'écart, se reniflent bien. Hypermnésiques, ils sont capables de déclamer des tirades entières des *Tontons flingueurs* en se tordant de rire, et d'entonner tout le répertoire de Michel Sardou et de Johnny Hallyday. «À cette époque, ils sont dans un moment chaud de leur relation. Il y a beaucoup de respect entre eux. Ils se vouvoient, se donnent du "monsieur le Président". C'est un petit club d'être chef de l'État ou de l'avoir été. Ils ne sont plus que trois», raconte un intime des deux hommes.

Jamais l'on n'avait vu sous la Ve République un président et son prédécesseur s'afficher si complices. Fasciné par les États-Unis, Nicolas Sarkozy évoque volontiers les images des présidents américains surmontant leurs petites détestations pour honorer la Bannière étoilée. En octobre 2017, il avait été saisi par la leçon d'unité délivrée par Barack Obama, George W. Bush fils, Bill Clinton, George H. W. Bush père et Jimmy Carter, entonnant ensemble l'hymne national lors d'un concert au Texas en hommage aux victimes des ouragans. Imagine-t-on en France Emmanuel Macron, François Hollande et Nicolas Sarkozy imitant leur exemple en cas de catastrophe nationale ? Féru d'histoire, ce dernier cite souvent cette phrase du général de Gaulle, qui n'a jamais pardonné à Georges Pompidou de lui avoir succédé : « Il ne me reverra que sur mon lit de mort. » Il ne veut pas davantage ressembler à Valéry Giscard d'Estaing, qui détestait retourner à l'Élysée, meurtri par sa défaite de 1981. Lui ancien président, point d'amertume, point de rancune. « Nicolas a inventé un nouveau métier : ancien président se comportant de manière républicaine », vante son ami le sénateur LR Pierre Charon[1]. Avec Emmanuel Macron, ils ne se sont jamais affrontés dans les urnes, cela fluidifie la relation. Lorsque Nicolas Sarkozy a été éliminé de la primaire de la droite en novembre 2016, quittant dans la foulée la vie politique – du moins officiellement –, le jeune ambitieux venait tout juste de déclarer sa candidature à l'élection présidentielle. Entre eux, il n'y a pas de passif.

Dans cette première moitié du quinquennat, Nicolas Sarkozy couve ce jeune homme qu'il juge si poli, courtois, mais inexpérimenté. Il veut l'aider et lui dispense ses conseils. À peine arrivé ce dimanche matin à la base aérienne 107 de Villacoublay, au sud-ouest de Paris, il livre à la petite délégation élyséenne qui escorte le chef de l'État sa vision de la situation du pays. Forcément cataclysmique. La veille, pour l'« acte XX » des Gilets jaunes, un dispositif policier massif a été déployé afin de sécuriser les Champs-Élysées et les abords du palais présidentiel. « Le peuple français est un peuple violent, il a envie de couper la tête du roi, il faut faire attention ! Moi aussi j'ai eu des manifestations, mais jamais de violences », entame-t-il. Apercevant le conseiller mémoire d'Emmanuel Macron, Bruno Roger-Petit, ancien

1. Conversation avec l'un des auteurs, février 2020.

journaliste à la plume acerbe du magazine *Challenges*, il entreprend de le déchiqueter à belles dents : « À l'époque, je me souviens très bien, vous écriviez que j'étais un dictateur ! » C'est sa force et son calvaire : Nicolas Sarkozy n'oublie rien, même les avanies qu'il préférerait occulter de sa mémoire. Toute la journée, « BRP » a droit à ses brimades amusées. Lorsqu'il embarque dans l'avion, Emmanuel Macron s'étonne de les voir déjà installés. « Ah, mais moi j'ai demandé à M. Roger-Petit ! Je ne serais pas monté s'il m'avait dit de ne pas le faire ! » moque l'ancien président. Quand arrive l'heure de la fondue savoyarde, il attrape le pic à pain du conseiller et le plonge rageusement dans le fromage. « Donnez-moi votre picot, monsieur Roger-Petit, je vais vous préparer votre part ! Vous avez vu, je suis un mec sympa. Pendant des années, vous avez écrit que j'étais un con, mais en fait je suis super sympa, et là c'est vous qui avez l'air d'un con ! » le torture-t-il, avant de lui proposer un selfie de réconciliation. Encore vorace, le vieux lion aime attendrir la viande en taquinant sa proie.

La photographe officielle d'Emmanuel Macron, Soazig de La Moissonnière, n'a pas droit à tant d'aménités durant le déplacement. La jeune femme se fait rabrouer lorsqu'elle coupe la route à l'ancien président par mégarde. « Mais qu'est-ce que c'est que ça ? Pour qui vous prenez-vous ? Vous êtes d'une grossièreté sans nom ! » la chapitre-t-il alors qu'elle tente de prendre une photo de la délégation. Très attaché à l'étiquette et aux tenues vestimentaires, Nicolas Sarkozy déteste cette fille toujours vêtue à la garçonne, en jeans informes et bonnet, trop mal fagotée à ses yeux pour travailler à l'Élysée. Il y voit une incorrection majeure, un crime de lèse-majesté. Tout Nicolas Sarkozy est là : s'il n'éprouve aucune amertume à revenir dans ce palais qu'il aurait bien occupé cinq ans de plus, il entend qu'on le traite avec déférence. Malheur à qui lui donne par mégarde du « monsieur Sarkozy ». Il reprend *illico*. « On dit : "Monsieur le Président" ! » Il y tient. C'est son titre, à vie.

Hollande, l'ennemi

Emmanuel Macron a vite perçu cette soif de reconnaissance et de distinctions chez son aîné, snobé pendant cinq longues années par le « Pingouin », comme Carla Bruni-Sarkozy avait rebaptisé François Hollande dans une fameuse chanson. C'est, dans leur relation, un puissant ciment, une commune détestation. Les deux hommes méprisent le socialiste, qu'ils regardent comme un intrus, une incongruité dans leur club ultra-sélect. « Pour Sarkozy, être président de la République, c'est du niveau de la performance. C'est comme le Tour de France : il y a ceux qui l'ont gagné, et les autres. Il ne faut pas que quelqu'un abîme le club. Sauf qu'il y en a un qui l'a déprécié. Tu te bats toute ta vie pour avoir l'agrégation et, un jour, il y a un naze qui la décroche aussi. Bref, il reconnaît la performance de Macron de s'être fait élire tout seul, il lui trouve du charme, mais il le voit surtout comme celui qui rehausse le club après le passage de Hollande », analyse un fidèle de Nicolas Sarkozy. « Président de la République, c'est tellement compliqué qu'il y en a huit seulement qui ont réussi depuis 1958 », a coutume de dire l'ancien président, que les voyageurs du Falcon de la République en vol pour les Glières ont entendu claironner : « François Hollande, il n'est pas méchant, il est très méchant ! » Jamais Sarkozy ne résiste au bonheur d'une moquerie sur son successeur honni. Le jour des obsèques de Johnny Hallyday, voyant

Emmanuel Macron entrer en l'église de la Madeleine, il s'était penché à l'oreille du socialiste, assis à côté, pour le faire bisquer : « Tiens, regarde, voilà ton ministre ! »

Sitôt élu, Emmanuel Macron multiplie les gestes républicains. Il commence par promouvoir les gardes du corps de Nicolas Sarkozy qui, durant tout le mandat de François Hollande, n'ont bénéficié d'aucune prime ni du moindre avancement. Et ce malgré les efforts déployés dans la coulisse par deux sarkozystes qui pèsent place Beauvau : Frédéric Péchenard, ancien directeur général de la police nationale, et Michel Gaudin, ancien préfet de police de Paris devenu directeur de cabinet de l'ex-chef de l'État. « Il y a eu une fatwa sur les sarkozystes pendant le quinquennat de François Hollande. À partir du moment où Emmanuel Macron est arrivé, les officiers de sécurité de Nicolas ont été promus. Le capitaine est passé commandant et les brigadiers sont devenus brigadiers-chefs, sans aucun favoritisme », prétend Péchenard[2]. Une autre attention va émouvoir l'ancien président. Lorsque sa mère adorée Andrée, dite « Dadu », disparaît fin 2017 à l'âge de quatre-vingt-douze ans, l'Élysée a la délicatesse d'envoyer des motards à l'église Saint-Jean-Baptiste de Neuilly-sur-Seine pour escorter le cortège funéraire.

Et quel meilleur ambassadeur qu'un ancien président pour représenter l'Hexagone à l'étranger ? Emmanuel Macron n'ignore pas qu'« un tigre ne devient jamais végétarien », selon la formule de l'éditorialiste Catherine Nay, et qu'il faut toujours lui donner un os à ronger. « Il a intégré une règle à respecter : ne pas laisser Sarko plus d'un mois sans le traiter », décrit un ami commun.

Fin 2018, il le charge de représenter la France lors de l'investiture de la nouvelle présidente de la Géorgie,

2. Entretien avec les auteurs, le 9 novembre 2020.

Salomé Zourabichvili, en tant qu'ancien médiateur du conflit de 2008 avec la Russie. Un an plus tard, c'est encore Nicolas Sarkozy qui fait le voyage jusqu'au Japon pour assister au nom d'Emmanuel Macron à l'intronisation du nouvel empereur Naruhito, lors d'un dîner en très protocolaire queue-de-pie. Au pays du Soleil-Levant, Sarkozy se charge d'une mission des plus sensibles, avec le plein accord de l'Élysée. Il s'entretient, dans un salon de l'ambassade de France à Tokyo, avec l'ancien patron de l'alliance Renault-Nissan, Carlos Ghosn, placé en résidence surveillée pour détournement de fonds, avant sa spectaculaire évasion au Liban. « Vous imaginez Macron rencontrant Ghosn ? Ç'aurait été un scandale ! » relève un Marcheur. Début 2020, Nicolas Sarkozy s'envole pour Mascate afin d'assister aux obsèques du sultan Qabous d'Oman et transmet aux autorités une lettre que le président de la République lui a remise en main propre quelques jours plus tôt, lors d'un discret déjeuner à l'Élysée.

S'il n'est plus la voix de la France, il en reste l'un des visages. Une activité diplomatique par ailleurs excellente pour son business d'administrateur des groupes Accor ou Barrière, et de conférencier rémunéré du prestigieux Washington Speakers Bureau.

Power couples

Ils s'apprécient, au fond. Tout, pourtant, les sépare. Emmanuel Macron est un solitaire qui a fondé *ex nihilo* un parti à sa gloire ; Nicolas Sarkozy un chef de meute qui s'est imposé à force de poigne à la vieille famille chiraquienne du RPR. Le jeune homme vient de nulle part, n'a jamais été élu local ; son aîné a poussé à l'ombre de Charles Pasqua et d'Édouard Balladur et conquis la mairie de Neuilly à l'âge de vingt-huit ans. Macron a fait l'ENA et acquis sa richesse dans la banque d'affaires; Sarkozy garde le complexe de ceux qui n'ont pas fait de hautes études et rêve de grande fortune. Le premier pense que le clivage gauche-droite est mort; l'autre qu'il va ressusciter.

Nul ne s'aventure à parler, les concernant, d'amitié. Mais il existe entre eux de la considération, une estime mutuelle. «Il y a une part d'alchimie humaine, car leurs personnalités peuvent correspondre. Ils ont un rapport à la vie qui les rend compatibles, une forme de gourmandise qui les rapproche. Ils ne sont pas faits pour se haïr, même s'ils devaient un jour devenir des adversaires. Si on n'était pas dans le monde politique mais en week-end à la campagne, ils pourraient cheminer ensemble dans la forêt», décrit joliment Jean-Michel Blanquer[3], qui a eu l'occasion de les observer. «Regardez-les se serrer la main : ils sont à deux doigts de se rouler une pelle!» s'esclaffe un intime.

Leurs épouses aussi cultivent une affection réciproque. Non qu'elles soient amies, mais elles ont en partage l'expérience ingrate du rôle de première dame, qu'aucun texte juridique n'encadre. Contrairement aux États-Unis, où la First Lady dispose de bureaux au sein de la Maison-Blanche, d'une quinzaine de collaborateurs et d'un budget fédéral, la compagne du président n'a pas, en France, d'existence officielle.

Sitôt installés à l'Élysée, les Macron convient les Sarkozy à dîner le 5 juillet 2017, au soir de l'hommage national rendu aux Invalides à une grande figure de la droite, Simone Veil. L'Ex apprécie l'invitation : «Lui, au moins, il est bien élevé.» Comprendre : pas comme

3. Entretien avec les auteurs, le 13 mars 2021.

l'autre. La légende veut que Brigitte Macron, issue d'une famille de droite de la bourgeoisie amiénoise, confie alors à l'ancien président avoir toujours voté pour lui, ce que l'Élysée dément, contre toute évidence. Carla Bruni profite surtout de la rencontre pour briefer la nouvelle première dame sur les affres de cette fonction officieuse. Si elle a fait bonne figure jusqu'en 2012, se pliant aux règles pointilleuses du protocole, assagissant ses tenues, la chanteuse a peu goûté son passage dans cette « maison du malheur », comme disait Claude Pompidou. Elle a souffert des rumeurs sur son couple, sa famille, sa fortune, des méchancetés sur ses rondeurs de jeune maman après la naissance de la petite Giulia. Ce soir-là, une heure du matin sonne aux horloges du Palais. Emmanuel Macron raccompagne ses hôtes sur le perron et propose un dernier verre. « Un président devrait dormir ! » sermonne gentiment Nicolas Sarkozy, qui aime se coucher tôt et veille sur sa santé, pour le plus grand bonheur de Brigitte Macron. « Ce qu'elle aime chez Sarko, c'est qu'il respecte les horaires. Emmanuel ne sait pas terminer une soirée, ça peut s'éterniser très longtemps. Quand Sarkozy va à un dîner prévu pour s'achever à 22 heures, à 22 h 01 il est dans sa voiture ! Elle apprécie », sourit un proche de la première dame.

De loin en loin, les deux couples se retrouvent à dîner. Un soir de juillet 2019, les résidents de la cossue villa Montmorency (Paris XVIe), pourtant coutumiers des gyrophares et des sirènes deux tons, surprennent une agitation inhabituelle : les Sarkozy reçoivent les Macron dans l'hôtel particulier de la chanteuse. D'autres agapes suivront dans la résidence familiale des Bruni-Tedeschi au cap Nègre (Var). Les deux femmes ont pris l'habitude de se retrouver à déjeuner, sans leurs maris, parfois escortées par le ministre Sébastien Lecornu ou par des amis communs. Ensemble, elles échangent des anecdotes sur d'autres premières dames, Melania Trump ou Michelle Obama. La parole est très libre, elles ont toutes deux un féroce sens de l'humour. Chaque 13 avril et chaque 23 décembre, « Brigitte » et « Carla » s'appellent pour leurs anniversaires. Elles s'envoient des SMS de soutien, comme lorsque le président brésilien Jair Bolsonaro s'en prend avec muflerie à Brigitte Macron sur son âge. « Si je peux faire quoi que ce soit pour aider Brigitte, je le ferai », confie Carla Bruni-Sarkozy dans un entretien croisé au magazine people *Gala* paru durant l'été 2021. « Elles n'ont pas les mêmes personnalités, elles ne sont pas de la même génération, elles n'ont pas reçu la même éducation. Brigitte a été prof chez les cathos et Carla est l'ex de Mick Jagger et de Raphaël Enthoven. Mais elles sont liées. C'est dur ce qu'elles font ! » explique un proche des deux femmes.

Elles ont un autre puissant point commun, qu'elles taisent scrupuleusement. Aucune ne rêve de voir son époux rempiler cinq ans de plus à l'Élysée. Elles ne connaissent que trop la violence de cette vie, les menaces sur leur famille, leurs amis. Un jour, Brigitte Macron découvre une lettre anonyme : « On va tous vous crever, les Macron ! » Un autre, elle apprend que son mari a été giflé lors d'un déplacement. Souvent, elle tremble de ce qui pourrait arriver si ses *bodyguards* manquaient de vigilance. « Elle en prend plein la tronche pour pas un rond. C'est une vie de chien. Si Emmanuel a envie de se représenter, elle ne l'empêchera pas. Mais elle ne le poussera pas à se présenter malgré lui, même s'il y a une chance sur vingt pour que ça se produise. Elle sera ravie que ça continue, ravie aussi que ça s'arrête », confie un ministre. « Carla non plus n'a aucune envie que Nicolas y retourne, car ça impliquerait qu'elle renonce de nouveau à ses concerts. Et pardon, mais ils gagnent bien leur vie ! » enchaîne un sarkozyste. Jamais, pourtant, elles n'iront contre les ambitions de leurs époux. Tout juste mariée en février 2008 dans le Salon vert de l'Élysée, Carla Bruni-Sarkozy avait eu ces mots tendres : « Avec la vie que j'ai eue, seul un fou pouvait vouloir de moi. »

Mâles alpha

« Dans une pièce, il y a toujours un mâle alpha », aime à dire Nicolas Sarkozy. Qui de lui ou Emmanuel Macron tient lieu de dominant ? Nul n'est dupe, chez ces deux animaux politiques, des arrière-pensées de l'autre. Il y a dans cette entente cordiale une part de mise en scène. Mais sous la complicité, la méfiance couve. « Sarko est un narcissique affectif, et Macron un narcissique cynique, c'est toute la différence », ose un conseiller du Palais. D'abord sceptique sur son prédécesseur, le président a découvert son flair aiguisé, sa *vista* politique. « Ton pote, il a des intuitions fulgurantes ! » concède un jour Emmanuel Macron devant un ami commun. Il était âgé de six ans seulement quand Nicolas Sarkozy a été élu maire. Il fêtait ses seize ans lorsque son aîné est devenu ministre du Budget. Et célébrait ses trente ans lorsqu'il a été élu président. « Pour Macron, déjeuner avec Sarkozy c'est comme jouer avec Platini pour celui qui aime le football. Il a assisté à son ascension. Il voit en lui la star qu'il a connue, le gars qui a gagné le Ballon d'or. Et il doit se dire que, Sarkozy ayant tenu le Boeing, il n'est pas inutile de le solliciter de temps en temps », décrypte Gérald Darmanin[4], ex-joueur sarkozyste transféré en

4. Conversation avec l'un des auteurs, le 2 septembre 2020.

macronie. D'autant qu'Emmanuel Macron et son entourage manquent cruellement d'expérience politique. Le président connaît mal les élus, quand il ne les méprise pas, si fier d'avoir conquis la magistrature suprême sans passer par la case mandat local. Avec Nicolas Sarkozy et ses quarante années de carrière, il dispose d'un chaperon de luxe, d'un éclaireur, dont le soutien va être déterminant lors d'un des épisodes les plus violents du quinquennat.

Le samedi 1er décembre 2018, alors que le chef de l'État est en Argentine pour un sommet du G20, l'Arc de triomphe est mis à sac à Paris et une aile de la préfecture du Puy-en-Velay incendiée lors de l'« acte III » des Gilets jaunes. Son avion à peine posé, le président découvre les dégâts le lendemain sur le monument parisien. Les services de la Ville de Paris ont tout juste eu le temps d'effacer les tags les plus désobligeants : « Macron, fils de p… », « Macron, on veut ton c… » Le mardi suivant, il se rend en Haute-Loire et arpente les locaux de la préfecture ravagés par les flammes. Au moment de quitter les lieux, son cortège est pris en chasse par des manifestants. Le voilà agoni des pires injures, menacé de mort. La sécurité craint un instant d'être débordée. Eût-il glissé un pied hors du véhicule qu'il se serait fait lyncher. Pour la première fois, Emmanuel Macron a peur.

Le vendredi, lors d'un déjeuner à l'Élysée, Nicolas Sarkozy le trouve groggy. Ensemble, ils réfléchissent aux mesures pour doucher cette crise gravissime. Afin de reprendre la main, l'ancien président le presse de frapper fort sur le pouvoir d'achat, en rétablissant la mesure qui avait fait sa gloire en 2007, le « travailler plus pour gagner plus ». Quelques jours plus tard, Emmanuel Macron s'adresse aux Français. Installé dans le Salon doré de la Présidence, derrière le bureau Louis XV choisi par le général de Gaulle, il a le regard étrangement statique et les mains figées, comme sonné. Il suit les conseils de son prédécesseur et annonce le retour des heures supplémentaires « sans impôts ni charges ». « Je veux renouer avec une idée juste : que le surcroît de travail accepté constitue un surcroît de revenu », énonce-t-il. Nul besoin de citer Sarkozy, l'allusion est transparente. « L'ancien président s'est comporté en homme d'État, loue un macroniste. Lors du déjeuner, il a donné à Macron les clés pour en sortir et l'a remonté psychologiquement. »

Sarkozy a la sensation grisante de reprendre du service. Le voilà consulté, respecté, associé aux grandes décisions. « Il a une faiblesse, c'est qu'il aime être flatté, dorloté. C'est un loukoum ! Et Macron sait y faire », se délecte un conseiller de l'Élysée. Il ne faudrait pas prendre ce jeune président pour un perdreau de l'année. Volontiers séducteur, un rien manipulateur, il aime disposer les hommes sur un échiquier pour les déplacer au gré de ses besoins. D'un naturel soupçonneux, il n'écoute que deux personnes, en qui il a toute confiance : son épouse Brigitte et le secrétaire général de l'Élysée Alexis Kohler. S'il accuse le coup au pire des manifestations prérévolutionnaires de la fin 2018, il se méfie par principe de l'appétit du « Tigre ». « Macron est paranoïaque par nature. Il se dit qu'ils sont tous nuls à droite, mais qu'il reste encore un gros lion, certes vieillissant, un peu cassé, moins vif qu'avant, mais avec de grosses griffes et une grande gueule. De temps en temps, il va voir si le gros lion n'a pas envie de courir à nouveau dans la savane », décrypte un ministre. Plus près de toi, Seigneur.

Le président a vite intégré l'immense intérêt d'avoir Nicolas Sarkozy dans son jeu pour continuer à fracturer l'opposition et s'attirer les faveurs des électeurs des Républicains. S'afficher avec son prédécesseur, c'est leur parler au cœur. « La droite, c'est moi ! » se prévaut toujours l'ancien président, qui reste une *rock star* chez les sympathisants de LR. « Macron ne se méfie pas de Sarko, il l'utilise ! Il s'en sert pour bordéliser la droite, en pensant le neutraliser », décrypte l'ancienne garde des Sceaux Rachida Dati[5]. Chacun a bien compris son intérêt dans l'affaire.

Pour l'Ex, épauler Macron, c'est s'assurer de ne pas être remplacé trop vite à droite. Trois jours après les images complices des Glières, Sarkozy retrouve à déjeuner quelques députés LR. En colère, ils ne digèrent pas cette main présidentielle posée sur son genou. « Je ne suis plus l'homme d'un seul parti », s'excuse-t-il, promettant de ne jamais leur faire défaut. Le lendemain, il reçoit discrètement la tête de liste LR pour les européennes, François-Xavier Bellamy – qu'il n'a jamais soutenu publiquement –, pour lui délivrer ses conseils en privé. Le service minimum, histoire de ne pas avoir à choisir son camp entre LR et LREM dans cette bataille électorale. Cela n'empêche pas la droite de boire le bouillon en récoltant un maigrissime 8,5 % lors de ce scrutin de mi-mandat, qui entraîne la démission de Laurent Wauquiez de la tête du parti. En repartant des Glières, Sébastien Lecornu, ancien élu LR devenu ministre de Macron, avait fait cette sortie désopilante au sujet de l'hommage rendu aux résistants : « C'était une très belle cérémonie ! Toutes les forces combattantes étaient représentées, y compris l'Allemagne avec Wauquiez ! » Nul doute que le trait d'esprit a fait sourire Nicolas Sarkozy.

5. Entretien avec l'un des auteurs, le 3 novembre 2020.

2

DRH de la macronie

Nuages bas, ciel gris, des trombes d'eau. Un temps d'apocalypse. Le 11 janvier 2019, au premier étage de l'aile est de l'Élysée, dans le bureau d'angle qui abrita la chambre de l'impératrice Eugénie, Emmanuel Macron brode patiemment chaque phrase d'un texte confidentiel qu'il s'apprête à adresser au pays. Une lettre aux Français, inspirée de celle de François Mitterrand en 1988, préambule à une tournée de réconciliation, le grand débat national censé apaiser la rébellion des manifestants en chasuble jaune. Chaque mot a son importance. En ce sinistre hiver, la République a tremblé. Jupiter a compris qu'il lui fallait descendre au plus vite de son Olympe. L'arrogance de ce jeune homme si parfait, ses sorties méprisantes, ne passent plus. Il est plus que temps de retisser son lien avec la nation, de restaurer son image dégradée dans l'opinion. Ce qui suppose de reprendre en main sans plus attendre son équipe de communication.

Depuis quelques mois, le Château se vide. Ses collaborateurs de toujours s'en vont. Après un an et demi de pouvoir sans partage, les jeunes loups de la «*start-up nation*» qui l'ont accompagné dans sa conquête du pouvoir, surnommés les «Mormons», rejoignent d'autres cieux professionnels. Il n'a pas su les retenir, les faire évoluer. Le chef de l'État, en bon darwinien, est un piètre DRH qui considère que chacun doit se battre pour conquérir sa place. Las d'attendre une promotion qui ne vient pas, son conseiller politique Stéphane Séjourné, qui rêvait de prendre de nouvelles responsabilités à ses côtés, part piloter la campagne des européennes. Sylvain Fort, le directeur de la communication, auteur des discours présidentiels à la plume flamboyante, déserte les lieux avec le sentiment amer d'avoir été sous-exploité. Ce normalien fou d'opéra se rêvait en grand maestro de la stratégie élyséenne et s'est retrouvé cantonné à gérer la cohorte des journalistes accrédités auprès de la Présidence, qu'il a bien du mal à supporter. Quant au conseiller spécial Ismaël Emelien, stratège en chef, ses jours sont comptés depuis qu'il est empêtré dans l'affaire Benalla. Ne reste que Sibeth Ndiaye, la gardienne du temple, qui entretient un rapport tourmenté aux médias, à qui elle assume de dissimuler la vérité au nom de l'intérêt supérieur de son patron.

Emmanuel Macron a besoin de sang neuf. Il a pris conscience des limites de ces jeunes conseillers biberonnés à la culture d'entreprise, qui regardent les élus de haut et n'ont jamais croisé un électeur. La grave secousse sociale a révélé une faille béante avec le pays réel. Il lui faut une Rolls de la communication, un expert capable de humer le pays, de reprendre le récit de son quinquennat. Et vite.

Scalps sarkozystes

L'homme à la silhouette carrée et à la chevelure blanchie qui s'approche, en ce matin de janvier, de la rue de l'Élysée sera-t-il la perle rare ? Il connaît la maison par cœur. Discrétion oblige, la consigne lui a été donnée de passer par cet axe qui longe le palais présidentiel, perpendiculaire à la rue du Faubourg-Saint-Honoré, où se trouve l'entrée officielle. C'est l'un des trois accès secrets au bâtiment, avec la grille du Coq, utilisée par les visiteurs privés depuis l'avenue Gabriel – et par François Hollande pour ses escapades nocturnes à scooter –, et la grille de l'avenue Marigny, par laquelle s'échappait Bernadette Chirac. « L'entrée de la rue de l'Élysée est la plus discrète, car elle est ceinturée de part et d'autre par des barrières et des policiers », relève un habitué des lieux. Le gendarme en faction reconnaît aussitôt l'invité au profil familier, trempé et frigorifié par la piquante température hivernale. « Comment allez-vous depuis tout ce temps ? Le président vous attend ! » Pour la première fois depuis de longues années, Franck Louvrier retrouve le Palais.

Pendant cinq ans, il en a franchi chaque matin le porche à moto. Sous le quinquennat de Nicolas Sarkozy, il a régné sur la direction de la presse présidentielle. Une référence de la communication politique, au carnet d'adresses jalousé, toujours disponible malgré les sollicitations incessantes des journalistes. Après des années à conseiller des élus, en rêvant de passer de l'autre côté du miroir, il vient de renoncer à ses fonctions à la tête du groupe Publicis Events pour se lancer dans la bataille des municipales dans sa ville de La Baule (Loire-Atlantique). L'homme – Emmanuel Macron ne l'ignore pas – demeure très proche de l'ancien président. Pendant près de quinze ans, de la mairie de Neuilly-sur-Seine à l'Élysée, en passant par le ministère de l'Intérieur et la citadelle de Bercy, il a été son ombre, son bouclier, son ami. « Où est Franck ? » interrogeait sans cesse Nicolas Sarkozy, à qui Louvrier était indispensable.

Un pilier de la sarkozie, et une alléchante prise de guerre pour Emmanuel Macron, qui manque cruellement de conseillers aguerris et veut poursuivre son entreprise de fracturation de la droite.

Un huissier escorte Louvrier à travers les jardins et le guide jusqu'au bureau du premier personnage de l'État, qui l'accueille avec son air affable, les bras ouverts. « Franck ! Comment vas-tu ? Ça fait plaisir de te voir ! » Sans être des intimes, ils se sont longtemps tutoyés, à l'époque où le jeune inspecteur des finances Macron participait à l'élaboration du rapport commandé par Nicolas Sarkozy à Jacques Attali sur la croissance. Pourtant peu impressionnable, Louvrier se surprend à le vouvoyer, embarrassé par ce président âgé de dix ans de moins que lui.

Une heure durant, assis à ses côtés, calepin en main, Emmanuel Macron prend des notes. La conversation roule sur les Gilets jaunes, la com' de crise, les relations avec les médias. « Et toi, qu'est-ce que tu ferais ? » l'entreprend son hôte. Louvrier ne lui cache rien de ses ratés, de sa communication erratique, trop centralisée, coupée des forces vives du pays. Alexis Kohler, le secrétaire général de l'Élysée, passe une tête. Emmanuel Macron finit par poser la question, à sa manière, directe : « Ça t'intéresserait de refaire ce que tu as fait ? » Sourire gêné. Le communicant sait que son nom a circulé. Cette fois, c'est autre chose, il s'agit d'une proposition formelle. « C'est compliqué. Il faut que je réfléchisse », temporise-t-il, guère emballé à l'idée de reprendre du service alors qu'une bataille électorale l'attend. « Et puis, vous connaissez mon engagement », enchaîne-t-il, allusion à son appartenance aux Républicains, plus encore à son amitié pour Nicolas Sarkozy. Ce n'est pas pour gêner le président, tout au contraire. « Oui, je sais, je sais », répond-il, en soulignant à dessein ses « bonnes relations » avec son prédécesseur de droite.

L'expert en communication n'est dupe de rien. Au-delà de son expérience, il sait qu'Emmanuel Macron cherche à arracher le scalp d'un sarkozyste. Les jours suivants, il décline poliment. L'Élysée le relance, en lui proposant cette fois de piloter la cellule parlementaire du Palais. Nouveau refus. Franck Louvrier en informe Nicolas Sarkozy, déjà au courant des tractations. « Il en avait eu vent, il garde des antennes au Château, mais il était plutôt content que Franck n'y aille pas », sourit un vieux grognard de la droite. Auprès des médias qui l'interrogent sur cette entrevue, Sibeth Ndiaye dément toute rencontre entre Emmanuel Macron et Franck Louvrier. Elle s'est pourtant bien tenue. Fierté mal placée à l'idée d'être remplacée ? Un sarkozyste à la tête de la communication présidentielle, l'affaire aurait fait grand bruit. Un joli coup politique, que le chef de l'État aurait pu ajouter au mur de ses victoires sur l'opposition.

À force d'efforts, Macron finit par débaucher une autre personnalité de droite pour étoffer son cabinet. Moins en vue que Louvrier, mais réputé pour sa capacité à mettre de l'huile dans les rouages, sa discrétion et sa connaissance livresque des élus de l'opposition : Jérôme Peyrat, maire depuis un quart de siècle de la commune de La Roque-Gageac (Dordogne). L'homme à la faconde du Sud-Ouest est une figure de l'« ancien monde » voué aux gémonies par les macronistes, loin des jeunes geeks de LREM. Son CV est un condensé de trente ans de droite : il est passé par les rangs du RPR auprès de Michèle Alliot-Marie, à l'UMP avec Alain Juppé, à l'Élysée aux époques de Jacques Chirac et de Nicolas Sarkozy, avant de conseiller Nathalie Kosciusko-Morizet du ministère de l'Écologie à la bataille pour la mairie de Paris. Il rejoint la rue du Faubourg-Saint-Honoré au printemps 2019 en tant que conseiller politique, chargé officieusement de cajoler les élus de droite Macron-compatibles pour les ramener dans les filets du chef de l'État. Mais il reste moins d'un an et est remplacé par Thierry Solère, ancien conseiller d'Édouard Philippe à Matignon. Un autre personnage éminent de la droite, connu pour son entregent à LR, dont il a organisé la primaire en 2016. « Ça veut dire que Macron n'est pas un si mauvais DRH, confesse un sarkozyste. Il va chercher des hommes de droite, c'est une preuve de pragmatisme. Ils sont bons, il les prend ! »

« À prendre ou à laisser »

Le président, pour autant, n'est pas un naïf. Il n'entend pas laisser la pieuvre sarkozyste étendre ses tentacules sur l'appareil d'État. En particulier dans la sensible « maison Poulaga », surnom du ministère de l'Intérieur, qui compte nombre de nostalgiques de l'ancien président. Récupérer la compétence des sarkozystes, oui, subir leur pouvoir de nuisance, non.

Lorsque Gérard Collomb claque la porte du ministère de l'Intérieur en octobre 2018, Emmanuel Macron refuse de se résigner à la solution Gérald Darmanin qui lui tend les bras, malgré l'absence de personnalités d'envergure au sein de La République en marche. Il connaît la proximité de son ambitieux ministre des Comptes publics avec Nicolas Sarkozy. La prudence élémentaire veut qu'on nomme toujours à ce poste stratégique un homme de confiance, l'un des siens, ou qu'on conserve un double des clés. Las, la recherche du nouveau locataire de Beauvau s'éternise, révélant au grand jour l'autre péché originel du macronisme, l'absence de banc de touche. Arrivé vierge en politique, Emmanuel Macron n'a pas d'armée de réserve. En bombardant de quasi-inconnus issus de la société civile aux postes clés de la République, il a fait un pari audacieux en 2017, plébiscité par les Français : donner un coup de balai sur les vieilles institutions partisanes, fragilisées par trente ans d'alternance politique. Au risque de se retrouver étiqueté «président des amateurs et des technos». Deux semaines durant, faute de ministre pour occuper le poste, Édouard Philippe se voit contraint de cumuler Matignon et l'éreintante casquette de «premier flic de France». Ce n'est pas nécessairement pour lui déplaire. Il se prend vite au jeu. «Si je n'avais pas été Premier ministre, j'aurais aimé être ministre de l'Intérieur», se targue-t-il. Mais cette rustine ne saurait être durable.

Pour sortir de cette impasse politique, le président imagine un entre-deux baroque. Il veut composer un tandem entre l'un de ses proches, pour garder un œil dans la place, et un sarkozyste, qui fera tourner la boutique. Proche parmi les proches de Nicolas Sarkozy depuis l'enfance, Frédéric Péchenard est reçu par le secrétaire général de l'Élysée pendant une heure, avant que le président ne se joigne à eux. Lors de cet entretien au secret, il n'est question que de sécurité, jamais d'une mission en particulier. «Pech» n'ignore pas qu'il a un CV irréprochable pour piloter l'Intérieur. Il a été commissaire au début de sa carrière, avant de devenir le premier policier à diriger la police nationale, mission traditionnellement dévolue à un haut fonctionnaire. Il ne tombe pas des nues lorsqu'il reçoit l'invitation. Emmanuel Macron lui a déjà proposé un an plus tôt de le nommer préfet de région à Lille. L'ancien policier n'a pas donné suite, car il ne souhaitait pas retrouver les bancs de l'administration.

En 2014, il a fait le choix de plonger dans le grand bain politique pour accompagner la tentative de retour de Nicolas Sarkozy, avant de devenir numéro deux de l'UMP et vice-président de la région Île-de-France auprès de Valérie Pécresse.

Les jours suivants, Kohler appelle Péchenard pour officialiser l'offre concrète du président. Il lui propose de mettre son indéniable compétence au service du gouvernement, en épaulant le macroniste historique Christophe Castaner place Beauvau. En tant que numéro deux toutefois, avec le grade de simple secrétaire d'État.

L'ancien flic est flatté, nettement moins séduit. Certes, il n'entretient pas les meilleures relations avec Laurent Wauquiez, encore patron des Républicains. « De là à quitter ma famille politique... » Il flaire le piège et redoute de fragiliser son camp, sans avoir les coudées franches pour mener à bien les réformes qu'il souhaiterait impulser. L'idée de jouer les supplétifs de Castaner n'est pas non plus pour lui plaire. Pas vraiment son « genre de beauté », répond-il au bras droit d'Emmanuel Macron. Son ami « Nicolas » ne partage pas ses doutes. « Vas-y, on ne peut pas refuser l'honneur de servir son pays ! » l'encourage l'ancien président. Péchenard consent à rencontrer « Casta » à Matignon, et comprend que celui-ci a reçu des assurances. Il aura le poste, quoi qu'il advienne.

Au téléphone avec Alexis Kohler, l'ancien grand patron de la police fixe ses lignes rouges : « La première, c'est d'avoir un cabinet à moi, autonome, avec mon propre directeur de cabinet et mon chargé de communication. La seconde, c'est d'avoir un décret d'attribution sur les forces de sécurité, police et gendarmerie, pour avoir la main sur les nominations, c'est très important. » Face à tant d'aplomb, le secrétaire général de l'Élysée se ferme : « Écoutez, nous on ne fait pas comme ça. Dans ces conditions, vous ne venez pas.

— Alors restons bons amis. Je suis très content de vous avoir rencontré, mais c'est à prendre ou à laisser », rétorque « Pech ».

« Il n'a pas compris que Macron déteste qu'on lui impose ses choix », décrypte un conseiller macroniste, soufflé par tant de toupet. La négociation est d'autant plus sensible qu'un homme fait discrètement le siège de l'Élysée pour empêcher qu'un sarkozyste ne s'empare de ce ministère primordial : François Bayrou. Outre Gérald Darmanin et Frédéric Péchenard, le centriste sait que le nom d'un autre fidèle de l'ancien président circule pour succéder à Gérard Collomb. Un certain Jean Castex, inconnu du grand public. « Mais tu es dingue ! Si tu leur laisses les clés de l'Intérieur, tu es foutu. C'est comme si tu les donnais à Sarkozy ! » fulmine le patron du MoDem devant Emmanuel Macron.

Les jours suivants, Laurent Nuñez, ancien directeur général de la sécurité intérieure, se voit finalement proposer de seconder Christophe Castaner. Sans cabinet autonome, ni décret d'attribution. Choisi par le chef de l'État en personne, il aura toutes les peines du monde à taire ses difficultés avec son omniprésent ministre de tutelle. Croisant un jour un sarkozyste, Nuñez lui livrera cette confidence : « Frédéric a eu raison de ne pas y aller, il aurait déjà démissionné ! »

Péchenard revoit à deux reprises Emmanuel Macron dans les mois qui suivent. Le président lui fait promettre de travailler un jour avec lui. « Mais Frédéric, qu'est-ce que vous voulez ? » lui lance-t-il même, interdit qu'on lui résiste. Lorsque Nicolas Sarkozy l'interroge à son tour sur la raison de son refus, « Pech » lui fait cette réponse d'une grande lucidité : « Pour un homme politique, c'est fondamental d'être ministre ou secrétaire d'État. C'est le Graal. Mais je ne suis pas un homme politique, je suis un flic, et j'ai déjà eu le Graal en devenant chef de la criminelle et directeur général de la police nationale. Je me moque d'être secrétaire d'État ou ministre, ce que je veux, c'est faire des choses. Là, j'aurais accepté si on m'avait proposé de faire. Mais on me proposait d'être.» Ils n'en ont plus jamais reparlé.

«J'ai pensé à quelques noms...»

Nicolas Sarkozy a parfaitement identifié les difficultés de recrutement de son successeur. Le 8 mai 2020, il est attendu pour déjeuner à l'Élysée après les commémorations officielles de la victoire de 1945. La France est encore confinée, et les célébrations se tiennent en format restreint sur une place de l'Étoile quasi déserte. Comme le veut l'usage, les anciens présidents de la République sont conviés. Cloîtré depuis des semaines dans la résidence familiale de son épouse au cap Nègre, Sarkozy a regagné la capitale pour quelques jours et piaffe d'impatience. Il a un plan en tête. Il l'a exposé la veille aux ministres Gérald Darmanin et Sébastien Lecornu lors d'un dîner chez lui, villa Montmorency. Emmanuel Macron, professe-t-il, doit revoir de fond en comble sa politique, être aux avant-postes sur la scène internationale et à l'initiative sur le terrain des réformes, au moment où le pays entrevoit une pause dans la crise sanitaire et doit relancer son économie. «S'il ne réagit pas, la France sera à la traîne de ses partenaires européens. C'est maintenant qu'il faut bouger!» tonne-t-il en tapotant du doigt sur la table. Il compte le lui dire franchement à l'issue des cérémonies. S'ils ont échangé durant le confinement, les deux présidents n'ont pas eu l'occasion de se retrouver face à face depuis des mois. Emmanuel Macron sait déjà à quelle sérénade il va avoir droit. Il ignore cependant que le « reclus de Miromesnil » – comme le surnomment certains sarkozystes – a une idée précise en tête. Il veut peser sur le remaniement gouvernemental qui se profile pour le début de l'été, au lendemain des élections municipales.

Depuis des semaines, les couloirs des ministères bruissent de rumeurs d'un changement d'équipe pour incarner une nouvelle étape du quinquennat. Laquelle se solderait par le départ d'Édouard Philippe. Emmanuel Macron ne supporte plus ce Premier ministre qui freine le déconfinement et a trop pris la lumière à la faveur du Covid-19, quasi christique avec sa barbe prématurément blanchie par un vitiligo. Lors du déjeuner, Nicolas Sarkozy pressent que quelque chose, entre le président et son Premier ministre, est brisé. « Il ne supporte plus Philippe », songe-t-il en son for intérieur. L'Ex, acerbe en privé sur les ministres macronistes qui « n'incarnent rien et ne portent rien », saisit l'occasion pour porter l'estocade. Il est venu avec son propre casting gouvernemental. Il a même imaginé une personnalité pour Matignon : « Cher Emmanuel, si vous partez à droite, vous allez fâcher votre majorité de gauche ; et si vous nommez quelqu'un à gauche, les gens de votre majorité de droite vont partir. Il faut nommer un homme à vous : Alexis Kohler ! »

Macron ne s'y attendait pas. La démonstration, venant de l'hyperprésident que fut Nicolas Sarkozy, n'a rien d'étonnant cependant. Il a toujours considéré que François Fillon n'était qu'un « collaborateur » et préconise depuis de réviser les institutions de la Ve République pour supprimer le poste de Premier ministre. Une réforme dont il presse Emmanuel Macron de s'emparer en vue de la présidentielle de 2022. Apprenant que son nom a été cité lors du déjeuner pour diriger le gouvernement, Alexis Kohler s'interroge. « Je ne sais pas si c'est un compliment ! » Et s'il s'agissait avant tout d'une tentative pour l'exfiltrer de l'Élysée ?

Sur sa liste de ministres, Nicolas Sarkozy avance aussi, sans surprise, les noms de Gérald Darmanin et Frédéric Péchenard pour l'Intérieur. Et tente de placer ses fidèles aux postes clés de l'exécutif : la navigatrice Maud Fontenoy à l'Écologie, à qui il sait gré de l'avoir soutenu durant la primaire de 2016 ; le président LR de la région Grand Est Jean Rottner ; le professeur Philippe Juvin, maire LR de Garches (Hauts-de-Seine) et chef des urgences de l'hôpital Pompidou, qui s'est tant illustré dans les médias durant la crise sanitaire ; et, pour Bercy, l'homme d'affaires François Bazin, son ami, PDG du groupe hôtelier Accor, dont l'ancien président est membre du conseil d'administration.

Emmanuel Macron écoute, poli. Il sait déjà qu'il n'en fera rien. Il n'ignore pas que son prédécesseur se targuerait dans tout Paris de lui dicter sa conduite et de tirer les ficelles. Il retient tout de même un avertissement sur une femme dont le nom est souvent cité pour le rejoindre : Nathalie Kosciusko-Morizet, exilée à New York depuis sa défaite aux législatives de 2017 et dont Édouard Philippe dit beaucoup de bien en privé. « Elle n'est pas fiable. Elle parle à tort et à travers. Elle est incontrôlable », l'éreinte Nicolas Sarkozy. Basse vengeance ? Il n'a jamais digéré la façon dont son ancienne protégée, qu'il a promue numéro deux des Républicains, s'est affranchie après sa défaite de 2012, jusqu'à se présenter contre lui à la primaire de la droite. Une trahison, à ses yeux, qu'il n'a jamais pardonnée.

Ombre portée

Au grand agacement de son aîné, Emmanuel Macron écoute ses conseils, sans en tenir compte. Il ne sera pas dit qu'il aura suivi les recommandations de son prédécesseur comme un petit garçon. Il va puiser dans le vivier de la droite à sa façon, et constituer un gouvernement sarkozyste… sans Sarkozy.

À la surprise générale, le «M. Déconfinement» Jean Castex est promu Premier ministre le 3 juillet 2020. Issu des Républicains, ce haut fonctionnaire a été secrétaire général adjoint de l'Élysée à l'époque de l'ancien président et correspond en tout point au profil du «collaborateur» corvéable tant vanté par l'Ex. Un nouveau symbole, sur le papier, de l'entreprise de dynamitage de la droite conduite par Emmanuel Macron. Dès sa prise de fonctions, le maire de Prades (Pyrénées-Orientales) n'a pas le moindre état d'âme et quitte sa famille politique d'origine pour prendre sa carte à La République en marche. Nicolas Sarkozy en est dûment avisé. Un dîner de couples entre les Sarkozy et les Castex est même organisé rue de Varenne début novembre 2020, quelques jours avant l'ouverture du procès des écoutes téléphoniques de l'ancien président. En petit comité, le nouveau chef du gouvernement assume sa filiation avec son ancien patron, malgré les aléas de la vie politique et judiciaire. «J'ai été le collaborateur de Nicolas Sarkozy. Ça a été pour moi une époque formidable où j'ai appris beaucoup de choses», loue Jean Castex devant ceux qui le titillent sur cette fidélité de droite, alors qu'il travaille pour Emmanuel Macron. «Quoi qu'on en pense, quoi qu'on en dise, je voue au président Sarkozy un profond respect. J'insiste, un profond respect! assène-t-il depuis le premier étage de Matignon, le port altier et l'index levé.

Et je ne suis pas du genre à cracher dans la soupe, croyez-moi. Il faut être fidèle[1].» Si fidèle qu'il fait venir à Matignon, quelques semaines après son arrivée, le conseiller d'État et écrivain Camille Pascal. Ils ont noué une amitié dix ans plus tôt, quand Pascal était la «plume» de Sarkozy et Castex le numéro trois de l'Élysée.

Si Emmanuel Macron a choisi Jean Castex, pourtant, ce n'est pas tant pour son expérience en sarkozie que pour son profil d'élu local et sa docilité. Froissés qu'Emmanuel Macron ne suive pas à la lettre les conseils de leur mentor, les sarkozystes historiques font vite savoir que Jean Castex n'est pas l'un des leurs. Entre eux, les ministres de droite, mettant en doute ses compétences pour piloter Matignon, lui trouvent vite un méchant surnom : «Bernard Castex». La plaisanterie, cruelle, fait florès dans les rangs du gouvernement. «Cassoulex», osent même des proches d'Édouard Philippe, en raison de son accent du Sud-Ouest. «Moi, Castex, je ne le connais pas, alors que je connais tous les sarkozystes ! Et si mes souvenirs sont exacts, il a soutenu François Fillon à la primaire de la droite… », serine un lieutenant de l'ancien président, fielleux. Sarkozy adresse même un rappel à l'ordre poli à Camille Pascal, qui donne à penser dans les médias qu'il est l'instigateur de ce gouvernement «Canada Dry» d'inspiration furieusement sarkozyste. Il n'en est rien.

Emmanuel Macron se résigne aussi à donner les clés de l'Intérieur à un autre ancien sarkozyste, Gérald Darmanin, après avoir tenté une ultime fois de nommer l'un de ses soldats. Dans la nuit qui a précédé le remaniement, tout a basculé. «Le dimanche soir, Jean-Michel Blanquer était fléché place Beauvau. Mais le lundi matin,

1. Conversation avec plusieurs journalistes, dont l'un des auteurs, le 19 novembre 2020.

Gérald Darmanin a menacé : “Si ce n’est pas moi, je m’en vais.” Le lundi midi, il était ministre de l’Intérieur », raconte un élu au fait des tractations.

Le président a beaucoup observé le jeune édile du Nord, ancien maire de Tourcoing. Il est séduit par la manière dont il s’est emparé du ministère des Comptes publics, auquel, de son propre aveu, il ne connaissait « rien ou quasiment ». C’est Darmanin qui l’a convaincu notamment d’aller au bout de la délicate réforme du prélèvement à la source, alors que le président était tenté de tout stopper par crainte d’un bug sur les feuilles d’impôt. Il lui reconnaît du talent et de la suite dans les idées. Le jeune homme de trente-sept ans rêve depuis longtemps du fauteuil de Beauvau. Le week-end précédant sa nomination, il active ses réseaux sarkozystes dans les syndicats de police. Frédéric Péchenard fait passer des messages en sa faveur. Ces manœuvres parallèles reviennent vite aux oreilles du favori du président, Jean-Michel Blanquer. Il est alerté par un autre sarkozyste bien connu, son vieil ami François Baroin, que la place pourrait lui filer entre les doigts. « Darmanin s’active partout. Il faut que tu te bouges ! » secoue le maire de Troyes. « Je ferai ce que veut le président. S’il me voit à l’Intérieur, c’est sa décision. Et l’inverse aussi », répond passivement le ministre de l’Éducation. « Dans ce cas-là, je ne suis pas sûr que tu obtiennes le job », achève Baroin.

Gérald Darmanin décroche le poste, malgré la procédure judiciaire dont il fait alors l’objet dans une affaire de viol et de harcèlement[2]. Prudent, Emmanuel Macron

2. Dans ce dossier, Gérald Darmanin a obtenu un classement sans suite et clame son innocence. En septembre 2021, la juge d’instruction en charge de l’enquête a clos les investigations, sans mettre le ministre de l’Intérieur en examen.

reste sur ses gardes. Il n'entend pas que le ministère de l'Intérieur devienne une base arrière des sarkozystes avant la présidentielle de 2022. Il impose à son nouveau ministre un directeur de cabinet, Pierre de Bousquet de Florian, ancien coordinateur national du renseignement et de la lutte contre le terrorisme, poste qui dépend directement du chef de l'État. Prudence oblige.

Nicolas Sarkozy est enchanté pour son ancien protégé. Avant de quitter Les Républicains pour rejoindre la macronie au printemps 2017, Gérald Darmanin l'avait déjà consulté. «Monsieur le Président, je voulais vous dire qu'on m'a proposé d'entrer au gouvernement.

— Si tu refuses, ne m'appelle plus jamais!» avait répliqué l'aîné.

Voilà presque dix ans que les deux hommes s'observent, se côtoient. Conquis par la fougue, l'intelligence politique et l'aplomb de ce garçon qui ne manque pas d'ambition, le retraité de la rue de Miromesnil est «fier et heureux» de le voir marcher sur ses traces, du ministère du Budget à Beauvau. Il aime son franc-parler. Darmanin bouscule, clive, n'a pas peur de déplaire. Comme lui à sa grande époque. «Nicolas Sarkozy aime son pays et il voit que l'électorat de droite aime bien Emmanuel Macron. Alors puisqu'il est là, il se dit : autant l'accompagner», expose le ministre de l'Intérieur, qui prend grand soin d'entretenir sa relation avec son ancien mentor en l'invitant à Beauvau et en lui rendant visite dans ses bureaux parisiens ou au cap Nègre. Comme en cet été 2020 où il lui présente sa femme, Rose-Marie Devillers, fraîchement épousée. Rachida Dati, qui s'indigne de la promotion de Darmanin au nom des femmes victimes de violences, reçoit un message réprobateur de Carla Bruni, qui juge ses critiques brutales. Car Nicolas Sarkozy couve les siens.

Ultime surprise du remaniement, Roselyne Bachelot est nommée à la Culture, maroquin qu'elle convoitait de longue date. Elle aussi fut ministre de Nicolas Sarkozy, à la Santé.

Emmanuel Macron se rend-il compte qu'il conforte ainsi dangereusement la stratégie de l'ancien président? «Au fond, Macron ressuscite Sarkozy. En nommant ses anciens ministres et ses proches à des postes clés – Bruno Le Maire, Gérald Darmanin, Roselyne Bachelot –, il valide le fait que les Français pourraient préférer l'original à la copie. Sans compter qu'il a choisi deux Premiers ministres issus de LR! Pire que Sarkozy, il n'en a pas pris un, mais deux!» se délecte un lieutenant sarkozyste, trop heureux de ce retour de gloire. «Si Macron ne voulait pas être traité de sarkozyste, il ne fallait pas prendre des sarkozystes», égratigne Rachida Dati.

De fait, il n'est qu'à éplucher la liste des cabinets ministériels et postes de la haute fonction publique de l'ère Macron pour constater que les anciens collaborateurs de Nicolas Sarkozy sont présents à tous les étages. En janvier 2020, Frédéric Veaux est nommé directeur général de la police nationale en Conseil des ministres. L'ancien préfet des Landes, dont le visage est inconnu des Français, compte un fait d'armes à son actif: il dirigeait la division antiterroriste de la direction centrale de la police judiciaire quand Yvan Colonna, l'assassin du préfet Érignac, a été interpellé. À l'époque, le ministre de l'Intérieur s'appelait Nicolas Sarkozy. Il a aussi secondé Bernard Squarcini – connu pour sa proximité avec l'ancien chef de l'État – aux commandes de la DCRI (Direction centrale du renseignement intérieur).

Parfois, des fantômes improbables de l'époque Sarkozy ressurgissent aussi à la surface. Ainsi des macronistes ont-ils eu l'immense surprise de croiser dans les couloirs de ministères un certain Jérôme Lavrilleux. L'ancien homme lige de Jean-François Copé à la tête de l'UMP fut surtout le directeur adjoint de la campagne de l'ancien président en 2012. Les Français se souviennent de son visage ravagé de larmes lorsqu'il avait avoué, devant Ruth Elkrief sur BFM TV, le savant système de fraude à l'origine de l'affaire Bygmalion[3]. Un ténébreux montage destiné à maquiller le dépassement stratosphérique des comptes de l'ancien président pour la présidentielle de 2012. Retiré des affaires, Jérôme Lavrilleux a ouvert un gîte dans le Périgord et monté une société de conseil en stratégie politique. Il a gardé langue avec une poignée de ministres, qui l'invitent régulièrement à déjeuner à Paris pour deviser, de manière aussi discrète qu'officieuse, sur l'état du pays et récolter ses conseils «à titre amical» à l'aube de la prochaine présidentielle et des législatives. Partout, l'ombre portée de Nicolas Sarkozy plane.

3. Jérôme Lavrilleux a été condamné en première instance le 30 septembre 2021 à trois ans de prison, dont un an avec sursis. Il a annoncé son intention de faire appel.

3

« Tout ça va mal finir »

Un hôtel particulier niché au fond d'une impasse privée, avec ses demeures huppées et ses vieux pavés. Bienvenue à la villa Montmorency, triangle d'or immobilier du village d'Auteuil où vivent ou ont vécu Alain Afflelou, Céline Dion, Mylène Farmer ou Vincent Bolloré. C'est dans ce Paris d'un autre siècle, sanctuaire pour privilégiés gardé vingt-quatre heures sur vingt-quatre par des agents en faction et de hautes grilles de fer forgé que Nicolas et Carla Sarkozy se cachent des regards indiscrets. Le style est à l'image du couple, branché et bohème, avec ses meubles Art déco et ses murs tapissés de dessins à l'encre. « Avec un mobilier chargé qui donne à l'ensemble un air de bric-à-brac un peu suranné », dépeint un habitué. Un cocon, en somme. Mi-décembre 2018, l'ancien président s'apprête à prendre sa douche après cinq kilomètres de footing dans le bois de Boulogne, situé à deux pas, quand il reçoit un SMS caustique sur la dernière bévue des Marcheurs. Gilles Le Gendre, président des députés LREM, s'est surpassé. Interrogé le matin même sur la genèse de la crise des Gilets jaunes, il a livré un curieux mea-culpa sur la chaîne Public Sénat : « Notre erreur, c'est d'avoir probablement été trop intelligents, trop subtils, trop techniques dans les mesures de pouvoir d'achat. » Nouvelle démonstration d'un pouvoir déconnecté du terrain et frappé d'un insupportable complexe de supériorité ? « Mais c'est qui, lui ? Quelle bêtise ! » s'étrangle l'Ex, interdit.

En professionnel de la politique, il observe avec stupéfaction ce « nouveau monde » dont il n'a pas les codes. Cela ne l'empêche pas de recevoir les élus et ministres macronistes qui lui demandent audience dans ses bureaux parisiens, soucieux qu'il est de tenir à jour son carnet d'adresses et de garder un œil sur ce qui se trame au sommet du pouvoir. « Ça ne m'intéresse pas, mais si je ne les recevais pas, on dirait que je suis amer. Je suis au courant de tout à l'insu de mon plein gré, comme dirait Richard Virenque ! » feint-il de s'excuser. « Ils veulent tous me voir ! Même l'autre, avec son araignée au plafond », moque-t-il un autre jour, dans une référence au député et médaillé Fields Cédric Villani, candidat dissident à la mairie de Paris, qui arbore de curieuses broches arachnéennes au revers de ses costumes. Avec ces ovnis politiques, Nicolas Sarkozy est au spectacle. Et son jugement est sans appel : « Tout ça va mal finir, très mal. »

Le « 77 », the place to be

« Rue de Miromesnil, c'est le Graal. Ils viennent tous chercher le totem d'immunité de Koh Lanta », plaisante un conseiller d'Emmanuel Macron devant l'interminable cohorte de visiteurs de l'ancien chef de l'État. Pour un Marcheur tout juste né en politique, l'endroit suscite fantasme et appréhension. C'est la tanière du fauve.

Derrière la porte cochère rouge bordeaux du « 77 », à quelques centaines de mètres de l'Élysée, défilent depuis dix ans le ban et l'arrière-ban de la droite. C'est là, dans cet appartement de 323 m² loué par la République, que l'ancien chef de l'État a installé son QG et les souvenirs d'une vie à occuper les postes les plus prestigieux : sa boîte de cigares Cohiba, une guitare sous verre de Carla, ses médailles de collection, ses chocolats. Le visiteur intimidé patiente dans un sas en regardant des clichés de son épouse courant dans les jardins de l'Élysée et de leur fille Giulia. Soudain, la porte s'ouvre, la chimie de l'air change, un nuage de testostérone envahit l'espace. Nicolas Sarkozy, tonique et onctueux à la fois, vient chercher son hôte en s'excusant de son léger retard et distille ses confidences sur les affaires du pays, de la réforme des retraites à la pandémie. Avec, toujours, un conseil amical pour celui qui vient « baiser la babouche », selon la formule consacrée de son ami Pierre Charon. Combien de visiteurs l'ont entendu répéter ces mots : « Quand j'étais président, la France était tenue, respectée. Et pourtant, j'en ai connu, des crises ! »

Obtenir une entrevue avec le sixième président de la Vᵉ République est, pour les fidèles d'Emmanuel Macron, la plupart issus des rangs du Parti socialiste, un objet de curiosité, un défi qu'on se lance, presque un tabou. Entre eux, les ministres échangent leurs impressions avec quelques frissons. « On peut penser ce qu'on veut de l'homme, on peut juger sa politique, mais il n'y a plus beaucoup de personnalités comme lui. Qu'on l'aime ou qu'on le déteste, impossible de nier qu'il dégage quelque chose, du charisme », confesse devant ses amis de LREM Marlène Schiappa, qui l'a parfois croisé dans les travées du Parc des Princes pour encourager le PSG. « J'ai une espèce de fascination-répulsion pour Nicolas Sarkozy, poursuit-elle, malgré sa sensibilité de gauche. Je suis contre la politique qu'il a menée, mais c'est l'homme politique ultime, c'est "Human Bomb" ! Il va voir les ouvriers, il leur dit : "Vous voulez du pouvoir d'achat, je vais m'en occuper !" Il y a un mort, il est là ! Ça manque de Sarkozy au gouvernement… »

C'est Gérald Darmanin, souvent, qui fait office d'entremetteur. Lui-même est un habitué du « 77 ». Un soir qu'il dîne avec le député LREM en vue Jean-Baptiste Djebbari, il lui propose d'organiser une entrevue. « Il faut que tu le rencontres. Tu vas te marrer. Je lui en toucherai un mot », suggère l'ancien porte-parole de Nicolas Sarkozy. Pur produit de la macronie, « Djeb » fait partie de la poignée de Marcheurs qui a émergé au début du quinquennat. Ancien pilote de ligne, sorti major de l'École nationale de l'aviation civile, il a d'abord été engagé à gauche avant de mettre le cap sur LREM et de devenir ministre des Transports. Fasciné, le trentenaire se retrouve quelques jours plus tard face à ce monstre politique pour qui il n'a jamais voté, de son propre aveu. Une heure durant, l'ancien président lui livre un monologue sans filtre sur sa passion pour le Tour de France, sa vie de couple épanouie et l'étiquette de « président des riches » qui colle à la peau du chef de l'État. À mille lieues de la langue creuse et aseptisée de la majorité. « Il est quand même extraordinaire. C'est une bête sanguinaire qui cartouche tout le monde », s'enflamme à la sortie le jeune ministre, qui a eu le sentiment d'être scanné de la tête aux pieds, « reniflé », même lorsqu'il s'est baissé pour lacer ses chaussures.

« C'est un show. Certaines personnalités peuvent être en représentation en public et beaucoup plus calmes en privé. Lui, il est comme à la télé. Il cherche tout le temps à convaincre[1] », confirme François de Rugy, plusieurs fois

1. Entretien avec l'un des auteurs, le 17 mars 2021.

reçu à Miromesnil en tant que président de l'Assemblée nationale, puis comme ministre de l'Écologie. Longtemps encarté chez les Verts, pour qui l'ancien locataire de l'Élysée était l'ennemi, le diable même, il reconnaît volontiers qu'il s'attendait à trouver face à lui un Nicolas Sarkozy conforme à sa caricature, critiquant au lance-flammes la classe politique. Surpris, Rugy a été conquis par ses analyses pointues sur la réforme des institutions et la nécessité de négocier un nouveau traité européen après la « folie » du Brexit.

Cela n'empêche pas l'ancien président, devant cet auditoire choisi du « nouveau monde », de lâcher ses coups sur les dirigeants de sa propre famille et ses rivaux politiques. « Le problème de la droite, ce n'est pas qu'elle n'a plus de leader, c'est que son leader est à la retraite ! » lance-t-il à l'un. « La droite, c'est moi ! » se prévaut l'ancien patron des Républicains devant un autre convive. François Hollande, qu'il désigne souvent d'un dédaigneux « l'autre », est rarement épargné. « On m'a critiqué quand j'ai dit qu'avec Carla c'était du sérieux, mais j'ai fait les choses avec sincérité, je me suis marié. C'est quand même autre chose que la rue du Cirque et DSK avec Dodo la Saumure ! » ose-t-il un jour devant l'un de ses invités macronistes, abasourdi.

Tout retraité de la vie politique qu'il soit, Nicolas Sarkozy garde ses entrées dans les palais de la République en ce début de quinquennat où la relation avec Emmanuel Macron est encore au beau fixe. Son successeur a passé consigne aux siens de le traiter comme un ami de la famille. Tout juste élu président de l'Assemblée nationale, Richard Ferrand, le premier des Marcheurs, le convie à l'hôtel de Lassay. L'ancien président, qui sait reconnaître les élus qui ont du métier, apprécie le geste : « Quand je pense que vous êtes socialiste… Pourtant, je vous aime beaucoup ! » Lorsqu'il est nommé ministre de l'Intérieur, Christophe Castaner, autre gardien du temple macroniste, prend soin de le contacter pour lui proposer de le rencontrer rue de Miromesnil. À sa grande surprise, Nicolas Sarkozy lui fait savoir qu'il reverrait avec plaisir ses anciens bureaux de Beauvau et lui livre ses conseils affectueux, alors même qu'il aurait préféré voir son protégé, Gérald Darmanin, occuper le poste. Les ministres issus de la droite sont, pour leur part, autorisés par l'Élysée à lui rendre compte de leur action et à solliciter son opinion. C'est ainsi qu'on aperçoit régulièrement l'ancien président venant déjeuner à Bercy avec Bruno Le Maire, quand ce ne sont pas Gérald Darmanin et Sébastien Lecornu qui viennent parler politique dans ses locaux.

Tout le monde n'a pas l'insigne honneur d'obtenir audience. Le 18 décembre 2018, un mail tout en circonvolutions tombe sur la messagerie du secrétariat de l'ancien chef de l'État. « M. Aurélien Taché, député LREM de la dixième circonscription du Val-d'Oise, serait très honoré de rencontrer M. le Président de la République afin d'échanger sur la politique. Je reste à votre entière disposition. Bien cordialement. » Rue de Miromesnil, on sourit de tant de culot. Ce macroniste issu de l'aile gauche (qui a quitté LREM depuis) s'est distingué par des prises de parole extrêmement virulentes contre Nicolas Sarkozy et ses rendez-vous judiciaires. Il ne sera jamais convié. Il ne recevra pas même un message accusant réception de son insolente sollicitation.

Premiers bémols

Nicolas Sarkozy, qui fut un président si clivant, déchaînant les passions, goûte cette nouvelle stature d'homme de concorde, de sage pacificateur. Jamais, en ce début de mandat, on ne l'entend critiquer son jeune successeur. Publiquement, du moins. On l'a tant blâmé, ausculté sous toutes les coutures lorsqu'il était lui-même en fonction, on ne l'y prendra pas. Il ne connaît que trop la difficulté du poste. « M. Macron fait ce qu'il peut et je veux aider mon pays. Je ne le critiquerai nullement », promet Nicolas Sarkozy, avec une once de condescendance, dans le huis clos d'une conférence devant les cadres du groupe Altrad à Montpellier, en décembre 2018. Il n'en pense pas moins.

Alors qu'Emmanuel Macron découvre le supplice de l'impopularité au fil des mois qui suivent son accession au sommet de l'État, son prédécesseur commence à prendre ses distances. Une légère dissonance qu'il ne laisse transparaître qu'en privé ou dans le secret de ses bureaux. « C'est comme les anciens footballeurs, il sait qu'il ne pourra jamais revenir sur le terrain, alors il commente. C'est sa passion », excuse l'un de ses fidèles. Lors de sa discrète conférence dans l'Hérault, l'auditoire a la surprise de l'entendre émettre un sérieux bémol sur le grand débat national voulu par Emmanuel Macron afin d'apaiser les Gilets jaunes. Un passeport pour l'immobilisme, regrette-t-il devant eux, alors que la France avance déjà « à la vitesse d'un escargot » dans la compétition mondiale. « On va demander l'avis aux gens dans la rue pour faire quelque chose. Avec ça, vous ne ferez plus rien ! Si, pour faire quelque chose, tout le monde doit être d'accord, restez couchés, parce que personne n'est jamais d'accord[2].» Quelques mois plus tard, c'est la grande refonte du système de retraites par répartition voulue par l'Élysée qui lui inspire des sentiments mitigés. Il ne comprend pas pourquoi le gouvernement s'embarrasse d'une réforme mastodonte, au risque de devoir reculer devant les cortèges syndicaux, alors qu'il suffirait de reporter l'âge légal de départ de soixante-deux à soixante-trois ou soixante-quatre ans, comme lui-même l'avait fait quand il était en fonction. «Il y a ceux qui parlent et il y a ceux qui font. Quand le dentifrice sort du tube, on ne peut plus le faire rentrer. Quand les gens commencent à descendre dans la rue et qu'ils sont en colère, attention!» avertit l'Ex devant les siens.

Alors que le quinquennat avance, ses «taupes» infiltrées au sommet de l'État lui décrivent un Emmanuel Macron qui tarde à rendre ses arbitrages, pesant constamment le pour et le contre. De là à penser que son cadet manquerait de poigne… «Il ne sait pas trancher. La pensée complexe, ce n'est pas fait pour les prises de décision», s'inquiète-t-il. *Mezza voce*, il commence à brandir le risque que Marine Le Pen devienne la première femme présidente : «On est passé de la possibilité qu'elle gagne à la probabilité. Contrairement à son père, elle n'a aucun talent, mais elle ne veut pas faire peur.»

Jusqu'alors, il avait gardé ses remontrances pour quelques initiés. En janvier 2020, il les étale pour la première fois sur la place publique. Invité d'honneur de la cérémonie de vœux du député LR Guillaume Peltier, un

2. Propos rapportés par *Midi libre*, le 19 décembre 2018 («Nicolas Sarkozy à Montpellier : "M. Macron fait ce qu'il peut et je veux aider mon pays"»).

de ses lieutenants, à Romorantin-Lanthenay (Loir-et-Cher), l'ancien chef de l'État sort de son habituelle réserve pour s'inquiéter du climat de violence que traverse le pays. Debout sur scène devant un millier de curieux, il disserte une demi-heure durant sur les vertus de l'autorité, livrant au sommet de l'État une leçon de politique, en forme de sermon : « S'il n'y a pas de concorde, il n'y a pas de République. Il n'y a pas de République quand il n'y a pas de sécurité. Il n'y a pas de République là où il n'y a pas de paix civile. » Il vilipende des « scènes de violence qui abaissent la France » et vante son propre mandat « sans blocages et, au fond, avec une relative tranquillité ». Dans les rangs sarkozystes, la petite musique du retour commence à se faire entendre. « Si c'était le chaos, vers qui se tourneraient les Français ? Vers un homme d'expérience ! C'est pour ça qu'il envoie des signaux subliminaux de concorde », souffle l'un de ses soutiens.

En comité plus restreint, Sarkozy se montre plus vif avec son successeur, dont la main tremble trop à ses yeux sur les sujets régaliens. « Un chef, c'est fait pour cheffer. La France doit être tenue, sinon c'est un pays en guerre ! L'image de Jupiter c'est bien, mais si on n'utilise jamais le feu... » Il ne comprend pas pourquoi Emmanuel Macron rechigne à s'emparer des questions de laïcité et des tensions communautaires. Devant l'un de ses invités, il se fait plus cruel encore, convaincu que son cadet peine à se faire respecter pour des raisons d'ordre personnel. « Le fond de l'affaire, c'est qu'il n'a pas d'enfants », expose-t-il un jour à l'un de ses convives, qui l'interroge sur le rapport du chef de l'État à l'autorité. Ne pas s'y méprendre, donc. S'il apprécie l'homme Macron, s'il respecte les institutions, il est très réservé sur sa politique et n'entend plus, désormais, y être associé.

Souffre-douleurs

À force de côtoyer ce «nouveau monde» qui a l'outrecuidance de donner des leçons à l'«ancien», l'Ex a fini par se faire son opinion : une bande d'amateurs, selon les mots mêmes d'Emmanuel Macron[3]. «On ne sait pas d'où ils viennent, ils n'y connaissent rien», maugrée l'ancien président en privé.

Rares sont ceux qui trouvent grâce à ses yeux. C'est le cas du jeune porte-parole du gouvernement Gabriel Attal, bien qu'il vienne des rangs socialistes et ait participé au quinquennat de François Hollande en tant que collaborateur de l'ancienne ministre des Affaires sociales Marisol Touraine. Nicolas Sarkozy sait reconnaître les vrais politiques. «J'ai eu cinq porte-parole : Christine Albanel, Laurent Wauquiez, Luc Chatel, François Baroin et Valérie Pécresse. Le petit Gabriel, il se débrouille pas mal!» D'autres personnalités ont le don de l'irriter, comme Sibeth Ndiaye avec «ses phrases qui ne veulent rien dire». Ou l'ancienne secrétaire d'État à l'Écologie Brune Poirson, qui, après avoir été démissionnée du gouvernement, abandonne la politique et son mandat de députée LREM du Vaucluse pour rejoindre la direction du groupe Accor (dont il est administrateur) en tant que responsable du développement durable. «C'est comme ça que ça se passe aujourd'hui. Quand on en a marre, on renie l'engagement pris devant ses électeurs. Quel exemple…»

Parfois, Emmanuel Macron en personne doit affronter son courroux. Agnès Buzyn en garde un souvenir particulièrement cuisant. Embarquée dans une campagne

3. «Soyez fiers d'être des amateurs», lançait le chef de l'État le 11 février 2020 aux députés LREM reçus à l'Élysée.

perdue d'avance pour les municipales à Paris après avoir remplacé au pied levé Benjamin Griveaux, tombé sur une affaire de *sextape*, l'ancienne ministre de la Santé débat un soir de mars 2020 avec ses compétiteurs sur le plateau de LCI. À la peine dans ce scrutin, novice en politique, jamais élue, elle commet une lourde erreur lorsque arrive le sujet de l'armement de la police municipale. Voulant éreinter sa rivale Rachida Dati, elle entreprend de tailler en pièces le bilan sécuritaire de Nicolas Sarkozy, l'accusant d'avoir diminué à outrance les effectifs des policiers. « Quand il a découvert ses propos, il a vu rouge et a décroché son téléphone pour appeler Macron », raconte un proche, qui rapporte la croustillante conversation. « Elle m'a critiqué à la télévision. Ce n'était pas très élégant. Vous aurez peut-être besoin de nous un jour au second tour », entame Nicolas Sarkozy, en ligne avec le chef de l'État. La candidate de LREM est sommée par l'Élysée de le rappeler rapidement pour s'excuser. « Bonjour monsieur Sarkozy ! » commence-t-elle. « Pardon ? la coupe-t-il aussitôt. Je ne crois pas que nous ayons gardé les bovins ensemble. C'est monsieur le Président ! » Buzyn bafouille et tente de corriger le tir : « Bien sûr. Je vous appelais pour vous dire que je comprends votre agacement. » Il l'interrompt et se lance dans une charge dont il a le secret. Magistrale. « Non, je ne crois pas que vous voyiez. Si vous voulez que je sorte la sulfateuse, je peux le faire ! » Elle ne sait plus comment s'en dépêtrer : « Oui, vous êtes un homme politique chevronné.

— Ah, pourquoi ? Vous voulez dire que je suis vieux ? C'est ça ? Vous êtes médecin, c'est bien cela ? Que je sache, vous n'avez pas laissé une trace formidable en tant que ministre de la Santé. Alors le sujet de la sécurité, je vous prie de laisser ça aux professionnels. Parce que si vous voulez que je vous donne des leçons de sécurité, je vais m'y mettre!» L'ancien président écourte la conversation, laissant l'ancienne ministre estomaquée.

Le ministre de la Santé Olivier Véran aussi fait partie de ses bêtes noires. Son visage, sa voix, son ton ne lui reviennent pas. Il le trouve hautain, suffisant. Il a de l'allure pourtant, ce quadragénaire, neurologue de formation, recruté en pleine épidémie pour succéder à Agnès Buzyn, avec sa gueule d'ange et son débit de parole à 220 mots la minute. Nicolas Sarkozy, qui a eu à affronter la grippe H1N1 durant son quinquennat, ne le supporte pas. À ses yeux, il a faux sur toute la ligne face au Covid-19, de la gestion des stocks de masques au débat sur l'hydroxychloroquine, sans parler du démarrage laborieux de la campagne de vaccination. «S'il y en a un que Nicolas Sarkozy déteste, c'est Olivier Véran. Quand il en parle, il le défonce comme un boucher bulgare», frémit un visiteur régulier du «77», qui l'a entendu s'emporter, brutal: «Ce couillon de Véran nous explique qu'il assume la lenteur de la vaccination! Un ministre m'aurait dit ça à mon époque, je l'aurais appelé et je lui aurais dit: "Écoute, puisque tu assumes la lenteur de la vaccination, voilà la porte, je l'assume!" Je ne connais personne qui ne soit pas insupporté par cet homme. Il est nul et arrogant, j'ai dit à Emmanuel Macron de le virer. Ne pas virer un nul, c'est un signe de faiblesse.»

Pourquoi tant de haine? Ils ne se connaissent pas, se pratiquent encore moins, ne se sont jamais croisés. Nicolas Sarkozy aurait-il un souci avec les anciens socialistes passés à LREM? Le président, à qui il a fait part de ses vertes récriminations sur son ministre de la Santé, écoute, mais n'en tient pas compte. «Il sait ce que

Sarkozy pense de Véran. Il le lui a dit plusieurs fois très directement, concède un conseiller du pouvoir. Ça rentre par une oreille et ça ressort par l'autre. » C'est précisément ce que lui reproche son prédécesseur, très sévère sur sa gestion de la crise sanitaire.

4

Pandémie

Les bureaux de vote du XVIe arrondissement de Paris ont à peine ouvert leurs portes qu'une poignée d'électeurs afflue. Nicolas Sarkozy s'est levé tôt en ce 15 mars 2020, premier tour des élections municipales, pour accomplir son devoir citoyen. Six minutes montre en main, après quelques politesses de rigueur avec les assesseurs. Il repart prestement, emmitouflé dans une large écharpe noire, presque sans un mot. Un détail frappe les photographes de presse présents. Carla Bruni, fait rare, ne l'a pas accompagné dans l'isoloir. Fuit-elle les caméras ? L'ancien top model affronte une méchante polémique depuis une plaisanterie douteuse. Quelques jours plus tôt, lors de la *Fashion Week*, une vidéo l'a surprise bravant les consignes de sécurité et les gestes barrières contre le coronavirus, embrassant ostensiblement les convives et faisant mine, espiègle, de leur tousser au visage. La veille même des municipales, elle a publié sur Instagram une blague osée sur le confinement qui se profile : « Il n'est pas certain que l'on devienne fous à force de rester chez soi… J'en parlais tout à l'heure avec mon frigo. » Comment peut-on rire de la crise sanitaire qui s'abat sur le monde telle une chape ? s'offusque-t-on.

Ce dimanche d'élections, la chanteuse se fend d'un message d'excuses sur les réseaux sociaux.

Alors que la France compte déjà cent morts du Covid-19, Emmanuel Macron doit se résigner à fermer les établissements scolaires et lieux de loisirs. Les Français l'ignorent encore, mais il s'apprête à dévoiler l'une des décisions les plus douloureuses de son quinquennat : enfermer ses concitoyens. « Nous sommes en guerre », énonce-t-il devant 35 millions de téléspectateurs.

Villa Montmorency, c'est l'effervescence. On s'apprête à quitter la capitale. Mise dans la confidence la veille de cette annonce, la famille Sarkozy choisit de rejoindre le cap Nègre, résidence familiale des Bruni-Tedeschi au Lavandou. Un paradis érigé sur un éperon de roche volcanique qui toise les flots de la Méditerranée, avec sa piscine, ses chambres avec vue sur la mer et son parc aménagé de cyprès et de citronniers venus d'Italie. « On n'allait quand même pas rester enfermés à Paris », confie l'ancien président avant de décoller. Il est inquiet pour son pays. En colère, même.

S'il ne dévie pas de sa ligne de conduite consistant à ne jamais fragiliser le pouvoir en place, la gestion de la crise sanitaire constitue le premier désaccord majeur avec son successeur.

Bas les masques

Dès que les premiers cas sont identifiés en Chine au début du mois de décembre – officiellement du moins –, l'ancien chef de l'État, avide d'informations, dévore le peu de littérature scientifique disponible et passe des heures sur son portable avec des spécialistes santé de sa connaissance. « J'avais des appels très réguliers de lui.

Il cherchait à se renseigner, à se documenter sur tout, se souvient le PDG de Sanofi France, Olivier Bogillot. Il voulait savoir où en était l'état de la connaissance scientifique sur les traitements, sur l'évolution de l'épidémie. Il était très sensible au fait que la France devait jouer un rôle politique dans cette crise[1].» L'homme est très proche de l'ancien locataire de l'Élysée. Il a été son conseiller ès questions de santé durant son quinquennat.

Rivé devant les chaînes d'information en continu, Nicolas Sarkozy fulmine en ces jours sombres devant la communication de l'exécutif. Dans son viseur, Olivier Véran, encore. «L'usage du masque en population générale n'est pas recommandé et n'est pas utile», assure d'abord le ministre de la Santé. «Ah bon? Et il en sait quoi?» s'agace l'Ex. «Moi je ne sais pas utiliser un masque. Je pourrais dire: "Je suis ministre, je mets un masque." Mais, en fait, je ne sais pas l'utiliser! Parce que l'utilisation d'un masque, ce sont des gestes techniques très précis», ose même la porte-parole du gouvernement Sibeth Ndiaye sur BFM TV, raillée sur les réseaux sociaux. «Mais ils sont nuls. Nuls, nuls, nuls!» tonne l'ancien chef de l'État au téléphone avec ses confidents. Il ne comprend pas comment le gouvernement a pu se trouver à ce point en pénurie de masques de protection. Le 19 mars, devant l'Assemblée nationale, Olivier Véran fait état d'un stock de 150 millions de masques chirurgicaux, quand les besoins sont estimés à 24 millions par jour. Les hôpitaux sont débordés, les soignants épuisés, le nombre de morts progresse dangereusement. Et rien pour se protéger. Nicolas Sarkozy a le sentiment que la France, réduite à l'impuissance, fonce dans le mur.

1. Entretien avec l'un des auteurs, le 19 mai 2021.

Il ne se prive pas d'en faire écho au chef de l'État et de lui livrer ses conseils de vétéran. Il a traversé, en son temps, des épreuves similaires avec la grande crise financière de 2008 et la grippe H1N1 l'année suivante. « Je ne vous en veux pas à vous, mais à Agnès Buzyn », expose-t-il un jour à Emmanuel Macron. À ses yeux, la crise a été sous-estimée dès le départ. « On savait dès décembre qu'il se passait quelque chose de bizarre en Chine, constate-t-il. Et que fait-on ? On attend encore un mois pour commencer à réfléchir à ce qu'on peut faire, alors que les premiers malades sont diagnostiqués en France et qu'on ne sait pas comment se protéger. Et là Mme Buzyn, qui est ministre de la Santé, part faire campagne à Paris. »

« Ce qui l'a ulcéré, c'est de voir l'État dire qu'il ne pouvait rien faire, alors qu'au même moment les présidents de région se démenaient comme des fous et parvenaient à faire des commandes directement avec la Chine. Il a trouvé cette faillite de l'État insupportable », se souvient son ancien ministre, Éric Woerth[2]. « C'est quand même hallucinant de voir que le gouvernement français n'a pas été capable de fournir des masques avant la fin juin, alors que nous, à la région, on a pu le faire deux mois avant ! » abonde la présidente de l'Île-de-France, Valérie Pécresse[3]. « Elle est passée par des intermédiaires, elle a eu des masques et les a distribués. C'est tout ! Voir que les régions ont été plus efficaces que l'État et l'armée, ça fait peur », embraye son vice-président, Frédéric Péchenard[4].

2. Conversation avec l'un des auteurs, le 19 novembre 2020.
3. Entretien avec les auteurs, le 25 avril 2020.
4. Entretien avec les auteurs, le 9 novembre 2020.

Les présidents des régions de droite s'en vont partout serinant qu'ils auraient fait mieux s'ils avaient été aux affaires. Dans le camp de l'ancien président, la nostalgie couve. On se remémore avec un pincement au cœur le temps des tempêtes du quinquennat Sarkozy. On loue sa capacité à faire face aux épreuves, la façon dont il a affronté la crise économique de 2008, quand il avait sorti l'Europe de sa léthargie et sillonné la planète pour mettre sur pied des sommets du G20 au niveau des chefs d'État et de gouvernement. « C'est un homme de crise, il est fait pour résoudre des problèmes. C'est son ADN », vante le « 77 ».

Marionnette

Plongé dans un abîme d'incertitudes, en manque de connaissances médicales et scientifiques, Emmanuel Macron vit ces premières semaines de crise comme un chemin de croix. Combatif sur le terrain économique, il arbitre des mesures jamais égalées depuis l'après-guerre pour soutenir les entreprises et les salariés à l'arrêt : c'est la pluie de milliards du « quoi qu'il en coûte ». Sur le terrain sanitaire et politique, c'est une autre affaire. Officiellement, Nicolas Sarkozy se terre dans le silence pour ne pas le gêner. « On ne tape pas sur des gens qui gèrent des crises. J'ai connu ça avec ceux qui venaient m'expliquer du matin au soir ce qu'il fallait faire », professe-t-il. Il n'est guère convaincu cependant par les allocutions présidentielles à répétition à la télévision, qui tiennent les Français en haleine. Des soirées d'angoisse à scruter les dernières annonces, tandis que le pays s'enfonce dans la pandémie. Depuis sa retraite varoise, l'ancien président bouillonne de voir les services hospitaliers à bout de souffle, le système de santé sur le point d'imploser sous le poids des victimes du SARS-CoV-2. Loin des micros et des caméras, il juge Emmanuel Macron trop timoré dans ses décisions, pas assez offensif, là où il faudrait au pays un capitaine de crise. « À chaque fois, il commence par remercier tout le monde : les infirmières, les médecins, les aides-soignants, etc. Vous imaginez un pilote d'avion qui va se crasher et qui dit aux passagers : "Je tiens à remercier les hôtesses et stewards" ? Ce qu'on lui demande, c'est de redresser l'avion pour qu'il ne s'écrase pas ! »

Il ne comprend pas davantage que le chef de l'État apparaisse à la remorque des experts du Conseil scientifique du professeur Jean-François Delfraissy, instance inédite dont il s'est doté à l'Élysée. Un dangereux affaiblissement du politique, réprouve l'ancien président. Jamais le pouvoir n'aurait dû autoriser ces spécialistes à s'exprimer en public. « Une erreur », juge-t-il.

Le Palais assume, face à ce virus encore méconnu. « On ne surfe pas sur les peurs, on écoute les scientifiques », défend l'ancien conseiller spécial du président, Philippe Grangeon[5]. Un point de vue cohérent au regard du parcours personnel d'Emmanuel Macron, issu d'une famille de médecins. Son père Jean-Michel Macron était professeur de neurologie à Amiens; sa mère Françoise Noguès médecin-conseil auprès de l'assurance maladie; son frère Laurent est spécialisé en radiologie du cœur en région parisienne, et sa sœur Estelle néphrologue à Toulouse. Même *cursus honorum* du côté de son épouse Brigitte, dont la fille, Laurence Auzière, est cardiologue à Vincennes et Nogent-sur-Marne.

---

5. Conversation avec l'un des auteurs, le 16 mars 2020.

« Être chef, c'est assumer de prendre des décisions et tracer des directives, regrette le chiraquien Christian Jacob, président des Républicains. Dans cette séquence, Emmanuel Macron s'est souvent caché derrière les scientifiques pour expliquer ses choix ou ses non-choix. Ceux-là mêmes qui passaient leur temps à dire tout et son contraire sur les plateaux télé[6]. »

Cette inquiétude est partagée jusque dans le premier cercle macroniste, où certains frémissent de voir leur mentor devenu la « marionnette » des sachants. Nicolas Sarkozy s'en ouvre à son successeur en avril 2020, quelques jours avant une nouvelle allocution consacrée au premier déconfinement. Il trouve le président tiraillé. Que faire ? Emmanuel Macron perçoit des signaux préoccupants de décrochage scolaire chez les enfants trop longtemps enfermés. Ancienne professeure de français, la première dame s'en alarme. Las, les quatorze experts du Conseil scientifique s'opposent à une réouverture trop rapide des établissements scolaires, qu'ils voudraient garder fermés jusqu'à la rentrée de septembre, quand bien même les plus jeunes seraient des porteurs sains du coronavirus. Il faut trancher. Depuis le cap Nègre, l'ancien chef de l'État lui livre ce conseil : « Consulter tous les experts du monde, c'est bien. Mais au final, la décision vous revient. Suivez votre intuition. » Le 13 avril 2020, le président annonce la réouverture progressive des écoles, collèges et lycées. Reprenant la main politiquement.

6. Conversation avec l'un des auteurs, le 29 septembre 2020.

Crise de leadership

Longtemps, Nicolas Sarkozy s'est montré bienveillant envers ce cadet qui lui ressemble tant : même énergie, même soif de briser les codes, même franc-parler. Jusqu'à ce que la crise sanitaire bouscule ses certitudes. Les hésitations d'Emmanuel Macron, ses difficultés à faire émerger la voix singulière de la France, à imposer un leadership sur la scène mondiale, comme sa constante recherche du compromis ont fini d'épuiser les espoirs qu'il avait fondés sur lui. « On les a souvent comparés, mais ils n'ont rien à voir. Le plus incompréhensible pour lui, c'est cette affaire de "et en même temps", décrypte l'un de ses lieutenants. Nicolas est une personnalité assumée qui dit les choses et fait les choses, en ne se cachant pas derrière un entre-deux. Dans la crise que nous traversons, on ne peut pas ménager la chèvre et le chou. »

La façon dont le président gère la pandémie au niveau européen, surtout, le déconcerte. Lors de la crise de 2008, lui avait pris les commandes de l'UE en imposant ses vues au transparent président de la Commission européenne, José Manuel Barroso. « Macron s'est laissé embarquer par l'Union européenne, sans jamais chercher à être leader », constate l'Ex, sévère sur la stratégie vaccinale arbitrée par Paris en juin 2020. Elle consiste en la signature de contrats par la Commission européenne avec six laboratoires, pour l'achat groupé par les États membres de 4,5 milliards de doses des futurs vaccins. Une mutualisation destinée à se prémunir contre toute concurrence intra-européenne, mais qui a l'inconvénient de placer la France au même niveau que ses partenaires. « Ça l'a rendu hystérique », se souvient un sarkozyste. La politique de santé est pour lui une prérogative qui relève de chaque État membre et ne saurait être centralisée.

La France, considère l'ancien président, aurait dû imposer ses choix pour elle-même. « Il n'a rien dit à l'époque pour ne pas déranger. Mais s'il avait pu dynamiter le truc… », confesse un autre habitué du « 77 ». D'autant qu'à la même période le pays souffre à ses yeux de la comparaison avec l'allié américain.

S'il apprécie modérément Donald Trump, Nicolas Sarkozy approuve la manière dont il a conduit la course au vaccin avec l'opération Warp Speed [*NdA* : « Vitesse de l'éclair »]. Présentée dès avril 2020 par la Maison-Blanche lors d'une table ronde avec de hauts dirigeants de l'industrie, elle a pour objectif d'accélérer le développement de la recherche, la fabrication de vaccins et leur distribution. Résultat : tandis que la France vide ses caisses pour sauver son économie, l'Amérique fait le pari de trouver en priorité l'élixir qui permettra de sortir au plus vite du marasme.

« L'Europe a pris une logique de client-fournisseur, là où la Chine, la Russie et surtout les États-Unis et l'Angleterre ont recherché un vaccin. Nicolas Sarkozy aurait aimé qu'on soit dans ce lot. Qu'on ne soit pas témoins de la situation mais acteurs, comme l'a fait Donald Trump. Je ne sais pas s'il aurait tout fait autrement, en tout cas il aurait procédé différemment sur la question du leadership. Il ne serait pas resté spectateur, traduit l'un de ses interlocuteurs réguliers. Quand le président de la première puissance mondiale convoque tous les industriels dans son bureau pour leur dire : "Je veux un vaccin dans les six mois", tout le monde se dit que ce type est incompétent et qu'il n'y connaît rien. Mais il se comporte comme un businessman. Et il le fait pour montrer qu'on peut faire quelque chose, qu'on peut agir face au virus. »

Emmanuel Macron, Donald Trump, deux gestions divergentes du Covid-19. « Le président français est parti dès le départ du principe que le vaccin devait être un bien public mondial. La conséquence c'est que, peu importe comment et par qui est produit le vaccin, il doit être disponible pour tout le monde, quel que soit son producteur d'origine, poursuit un autre confident de l'Ex. On se prive ce faisant d'avoir une logistique stratégique, voire géostratégique et industrielle. Cela revient à accepter que la France et l'Europe n'ont pas de rôle à jouer. Nicolas Sarkozy a été très sensible à cet aspect-là. »

Ce dernier, en privé, ne cesse de pester : « Mais que fait l'Europe ? » Lui président, il serait allé négocier directement avec les industriels, dubitatif qu'il est sur la stratégie de commande commune de vaccins actée par Paris et Bruxelles. « Pour le Luxembourg, je vois bien l'intérêt. Pour Malte aussi. Mais enfin, pour la France... », se désole-t-il, inquiet qu'Emmanuel Macron soit « balayé » à la prochaine élection présidentielle s'il ne reprend pas rapidement l'initiative. Il érige en exemple sa gestion de la grippe H1N1, quand il avait assumé de commander avec sa ministre de la Santé Roselyne Bachelot 90 millions de doses de vaccin, quitte à ce qu'elles finissent au pilon. « S'il avait été président, on aurait eu deux fois plus de vaccins, affirme même son ami Frédéric Péchenard. Il aurait commencé par faire le tour de l'Europe en allant voir ses homologues, casser deux ou trois bras et tirer deux ou trois oreilles. Les gens peuvent se dire : "On l'aime ou on ne l'aime pas, mais avec lui il y a un pilote dans l'avion." »

Le druide

« C'est un grand monsieur. Il a une carrière respectable. Il faut l'écouter », conclut Nicolas Sarkozy, une fois la conversation achevée. Il vient de passer près de trente minutes en ligne avec l'homme dont tout le monde murmure le nom : Didier Raoult. Celui-là même qu'Emmanuel Macron s'apprête à rencontrer, à la surprise générale, dans ses locaux de l'Institut hospitalo-universitaire (IHU) de Marseille.

Depuis des semaines, l'infectiologue de renom défraie la chronique. Avec son aplomb, son tempérament volcanique et ses faux airs de druide, il est au centre de toutes les attentions. Au pied de son établissement serpente une file d'attente interminable. Des Marseillais et Français venus de tout l'Hexagone dans l'espoir de recevoir son traitement prétendument miraculeux, l'hydroxychloroquine. Le remède est traditionnellement utilisé contre la polyarthrite rhumatoïde et réputé pour ses propriétés anti-inflammatoires et immunomodulatrices. Son dérivé, la chloroquine, soigne le paludisme. Didier Raoult est une sommité, lauréat du grand prix 2010 de l'Inserm, l'une des plus hautes distinctions scientifiques françaises. En ce printemps 2020 où le monde tremble face au Covid-19, il affirme haut et fort que des essais cliniques réalisés à l'IHU de Marseille ont fait la preuve de l'efficacité du médicament. Charlatan ou génie ?

Les mondes scientifique et politique, en pleine effervescence, oscillent entre circonspection et fascination. Le professeur a son réseau chez les élus, en particulier de droite, à commencer par le président LR de la région Provence-Alpes-Côte d'Azur Renaud Muselier, médecin de son état et proche de Nicolas Sarkozy. Son entourage a été particulièrement frappé par la pandémie : quatre membres de sa famille, huit de son cabinet, neuf de sa direction générale. Tous traités à la chloroquine. Tous sortis d'affaires. Lui a été miraculeusement épargné[7]. «Je suis méchant comme la peste, le virus a eu peur de moi!» badine-t-il. Chez les spécialistes, la molécule miracle ne fait pas l'unanimité. Des épidémiologistes critiquent l'absence dans ces supposés essais marseillais de groupe témoin recevant un placebo. Le célèbre professeur n'en est pas moins convié au palais présidentiel le 5 mars 2020 pour une réunion scientifique informelle consacrée au SARS-CoV-2. Elle donnera par la suite naissance au Conseil scientifique, auquel Didier Raoult appartiendra brièvement. Trop iconoclaste. «C'est moi qui ai présenté Macron à Raoult, dévoile Muselier. J'ai appelé l'Élysée pour le faire entrer dans le Conseil scientifique. Je leur ai dit : "On a un champion du monde et vous ne le mettez pas dedans?" Deux heures après, il en était membre. Il n'est pas resté longtemps, mais il a gardé contact avec le président[8].» Fin mars, à 5 heures du matin, le patron de la région PACA adresse un long SMS à Emmanuel Macron, doublé d'une vidéo de la file d'attente devant l'IHU de Marseille. Il l'encourage à prendre son risque sur la chloroquine en levant les verrous administratifs qui freinent sa distribution. Lui y croit. «Tu vas avoir des cadavres par milliers avec le Covid, c'est de la folie, tu ne tiendras pas huit jours. C'est une erreur d'attendre! Si Raoult s'est trompé, il passera pour un con. S'il a raison, on aura perdu trois semaines. Donne aux Français un signe d'espoir», le somme-t-il. Une amicale pression, appuyée par une

7. Jusqu'au 30 août 2021, date à laquelle le président LR de la région PACA, doublement vacciné, annonce avoir été testé positif au Covid-19.

8. Conversation avec l'un des auteurs, le 11 avril 2020.

personne chère au cœur du président : son épouse, qui connaît bien le mandarin marseillais, au point d'échanger parfois avec lui.

Nombreux sont ceux qui l'incitent, pourtant, à prendre ses distances avec l'infectiologue. Le ministre de la Santé Olivier Véran ne cache pas ses réserves sur le personnage, dont certaines études restent sujettes à caution. Mais Didier Raoult compte, parmi ses soutiens, un atout majeur en la personne de Nicolas Sarkozy.

Depuis le cap Nègre où il s'est installé en villégiature, l'ancien président dévore les articles et données scientifiques sur la chloroquine et s'enquiert auprès de ses anciens conseillers de l'état des stocks français de la molécule. Il veut tout connaître des thérapies prometteuses, comme les anticorps monoclonaux. L'idée qu'on renvoie des patients atteints du Covid-19 à leur domicile, avec du paracétamol pour simple prescription, lui est tout bonnement insupportable. On ne peut laisser des malades sans soins, juge-t-il. « Il avait le sentiment que Didier Raoult s'occupait des patients », expose un proche. Les deux hommes s'estiment et se respectent.

Dans son bureau du quatrième étage de l'IHU Méditerranée, le professeur affiche en évidence une photo d'eux posant côte à côte, non loin d'un cliché en compagnie de Jacques Chirac. De prestigieux trophées, rejoints plus récemment par une photo avec Emmanuel Macron, lors de leur entrevue du 9 avril. L'Élysée prend soin de souligner qu'il ne s'agit « en aucun cas » d'une manière d'adouber ses travaux. « Une visite ne légitime pas un protocole scientifique, elle marque l'intérêt du chef de l'État pour des essais thérapeutiques, qu'ils soient prometteurs ou pas », insistent les conseillers du Château. Une sage prise de recul, tant les études ont démontré la portée relative de la chloroquine pour traiter le Covid-19, si ce n'est sa nocivité.

Raoult n'en garde pas moins ses amitiés politiques. Il a félicité Renaud Muselier après sa réélection aux régionales face au Rassemblement national, et s'est invité à sa cérémonie d'investiture aux commandes de la région PACA à l'été 2021. Nicolas Sarkozy continue à manifester à l'épidémiologiste son inconditionnel soutien, y compris lors de manifestations publiques. Comme en septembre 2020 à Marseille, où l'ancien chef de l'État est l'invité d'un forum d'entrepreneurs : « Je ne comprends pas pourquoi il y a tant de violence à son endroit. C'est un homme d'une grande qualité, qui a fait son possible pour soigner au mieux ses patients. Sans doute a-t-il fait des erreurs. On en fait tous, moi le premier. »

Vacciné et fier de l'être

« Je suis très émue. » Ce 27 décembre 2020, Mauricette, soixante-dix-huit ans, reçoit sa première injection à l'hôpital René-Muret de Sevran (Seine-Saint-Denis), devenant la première Française immunisée contre le Covid-19. « Ça chauffe », sourit timidement l'ancienne aide-ménagère, vaccinée avec le sérum développé par l'américain Pfizer et l'allemand BioNTech, avant d'être ovationnée par le personnel hospitalier. La scène fait l'ouverture des chaînes info, sur lesquelles Nicolas Sarkozy garde toujours un œil. Enfin, songe-t-il ! Un rien hypocondriaque, hanté par l'idée de la maladie et de la dégénérescence, l'ancien président attend son tour avec impatience.

Après des mois d'incertitude, le pays commence à entrevoir un horizon plus apaisé. Trois vaccins arrivent sur le marché ou sont sur le point d'être autorisés par l'Agence européenne du médicament entre la fin décembre 2020 et le début du mois de février 2021 : ceux des laboratoires Pfizer-BioNTech, de l'américain Moderna et de l'anglais AstraZeneca. Une délivrance. Les Français vont devoir s'armer de patience. Livrées au compte-gouttes, les doses font défaut. Les comparaisons internationales font rougir : 516 Français vaccinés au 1er janvier 2021, contre 200000 Allemands. Emmanuel Macron doit battre sa coulpe, contraint de reconnaître des «lenteurs injustifiées».

Non loin de l'Élysée, dans son bureau de la rue de Miromesnil, Nicolas Sarkozy reste interdit face à cette pénurie. «On a eu les retards sur les masques, les ratés sur les tests et maintenant on se gaufre sur les vaccins. Ça va durer encore longtemps?» s'étrangle-t-il devant les siens. «Il avait à nouveau l'impression qu'on passait pour un pays d'amateurs, comparé à nos voisins. Il était déchaîné. À ses yeux, Macron était une fois de plus mal entouré», rapporte un témoin.

La stratégie initiale du gouvernement consistant à vacciner en priorité les personnes âgées de plus de soixante-quinze ans résidant en Ehpad ou atteintes de pathologies à risques le laisse particulièrement sceptique. Un choix de raison, pourtant. «On privilégie les plus vulnérables, c'est-à-dire les seniors, que l'on retrouve le plus souvent dans les services de réanimation, pour libérer des lits et décongestionner le système hospitalier. C'est ça, la première urgence», plaide le ministre de la Santé. En 2009, Nicolas Sarkozy avait fait le choix, contesté à l'époque par les médecins de ville, d'imposer des centres géants. «Qu'est-ce qu'on attend pour ouvrir des vaccinodromes? Ce n'est pas si compliqué. En 2009, pendant la grippe H1N1, je l'ai fait et ça marchait», rappelle-t-il, partisan de « vacciner jour et nuit ». Omettant ainsi que la France ne dispose alors pas des stocks nécessaires. Grand ami de Moscou, il ne comprend pas, par ailleurs, que les autorités françaises et européennes tardent à homologuer le vaccin russe Spoutnik V. L'homme pressé n'aime pas attendre. Ses visiteurs ont droit à la même rengaine : « Et le vaccin, tu en penses quoi ? » Auprès des experts qu'il sollicite, ses questions se font plus techniques. Devant eux, il s'interroge sur les avantages et inconvénients comparés des divers remèdes, sur les différences entre technologies à ARN messager et à adénovirus. « À tel point que je me suis demandé s'il voulait tout savoir pour se faire une opinion, avoir des informations pour ses proches… ou pour lui-même ! » sourit l'un.

Car une idée a germé dans le cerveau de l'ancien président, tout juste âgé de soixante-six ans, et pas prioritaire pour la vaccination. En théorie, à tout le moins. Comme le révèle *L'Express*[9], il reçoit une première injection courant janvier 2021 à l'hôpital militaire de Percy-Clamart (Hauts-de-Seine). À quel titre sur le plan médical ? A-t-il bénéficié d'un passe-droit ? D'abord silencieuse, son équipe finit par communiquer en précisant qu'il s'est fait vacciner « sur prescription de son médecin », sans fournir plus de détails et en opposant aux curieux le secret médical.

En petit comité, Nicolas Sarkozy se montre plus disert. « Il racontait tout, dans les moindres détails, comme si on y était », souffle un parlementaire convié au « 77 ». « Ma belle-mère [*NdA* : Marisa Borini] qui a quatre-vingt-dix ans va être vaccinée, alors qu'elle ne voit presque personne. En revanche mes fils, qui voient du monde et circulent beaucoup, ne peuvent pas le

9. « Nicolas Sarkozy, soixante-six ans et déjà vacciné », *L'Express* du 17 février 2021.

faire ! » regrette-t-il, en soulignant que ses voyages de conférencier et d'administrateur de grands groupes le contraignent à se faire vacciner. Il n'en revient pas du luxe de précautions qui entoure chaque injection et narre, tout en sarcasmes, la manière dont s'est déroulée sa visite à l'hôpital militaire : « J'y suis allé, il fallait qu'on vérifie tout. Après, j'ai compris qu'il fallait au moins quinze minutes avant qu'on me laisse repartir [*NdA* : pour éviter un éventuel choc anaphylactique lié à l'injection des vaccins à ARN messager]. Ça a duré seize minutes, j'ai compté. Il y a même un militaire qui m'a tenu la main. En tout, je suis resté trois quarts d'heure. C'est tout juste si on ne m'a pas allongé sur un lit… »

À ce rythme, songe-t-il, la France est loin d'avoir vacciné sa population. Un autre plan commence à germer dans son esprit : et si le moment était venu pour lui de s'affranchir ?

DEUXIÈME PARTIE

POKER MENTEUR

5

Blitzkrieg

Et s'il revenait, tel l'homme providentiel, pour sauver le pays ? Alors qu'Emmanuel Macron s'enfonce dans les crises, Nicolas Sarkozy se plaît à alimenter ce fantasme dans la coulisse, au gré de la météo de leur relation. Que l'Élysée oublie quelques semaines de le traiter, et les rumeurs de son retour se remettent à crépiter sur les portables des élus de droite. On ne snobe pas le « Tigre » Sarkozy.

Que le président Macron le considère, le cajole et s'affiche à ses côtés, et c'est le calme plat du côté de la rue de Miromesnil. Comme ce 14 juillet 2017, où l'ancien président répète à qui veut l'entendre qu'il en a fini avec la politique. Dans les salons d'attente de l'aéroport militaire de Vélizy-Villacoublay (Yvelines), décidément propices aux confidences, un prestigieux aréopage patiente avant d'embarquer dans deux Falcon de la République, affrétés pour les commémorations du premier anniversaire de l'attentat de Nice. Pour cette cérémonie œcuménique, le président a convié ses deux prédécesseurs, ainsi que le président du Sénat Gérard Larcher et son homologue de l'Assemblée François de Rugy. Autour d'un café, ce dernier entreprend Nicolas Sarkozy, arrivé parmi les premiers, toujours ponctuel. «Vous savez, nous avons un point commun. Mon fils Isaac est né en septembre 2011 et votre fille Giulia peu de temps après, au mois d'octobre.» L'occasion pour son illustre interlocuteur de s'épancher sur les joies de sa paternité tardive et ses sorties d'école où il croise des parents d'élèves qui ont l'âge de ses fils aînés, Pierre et Jean, tous deux trentenaires. «Ils sont très sympathiques ces jeunes gens, charmants comme tout», devise-t-il. Avant de préciser, sans que l'on sache s'il s'agit d'une pure coquetterie : «Par contre, je leur ai dit qu'il ne fallait pas compter sur moi pour être élu délégué des parents d'élèves. Pour moi, les élections, c'est fini!» Devant un Marcheur qui l'interroge quelques semaines plus tard, dans ses bureaux, sur une hypothétique nouvelle candidature à la présidentielle, Nicolas Sarkozy, flatté, se montre plus catégorique encore : «Ah non, j'ai déjà donné! Le destin du président Macron, c'est de devenir le leader de la droite française.»

La vengeance de Monte-Cristo

C'est encore l'heure où son entourage martèle qu'il en a terminé avec la «politique politicienne», qu'il a remisé toute ambition élyséenne, heureux de sa nouvelle vie. Sur son compte Twitter, en tête des messages affichés, il garde un tweet «épinglé» (important, dans le jargon du réseau social) : la vidéo de son discours de renonciation du 20 novembre 2016, prononcé au soir de sa défaite à la primaire de la droite, lorsqu'il fut devancé au premier tour par François Fillon et Alain Juppé. Avec cette citation, placée en exergue : «Je souhaite le meilleur pour mon pays et pour celui qui aura à conduire la France que j'aime tant. »

On ne saurait être plus clair. Il se plaît, pourtant, à jouer avec les nerfs des macronistes. Reviendra, reviendra pas ? Devant les soutiens du chef de l'État, il s'octroie quelques gourmandises sur cette éternelle rumeur. « Et si je revenais ? Si j'y vais, je fais un malheur ! » phosphore-t-il à voix haute à l'été 2019 devant un membre du gouvernement invité dans sa résidence estivale du cap Nègre. Avant de se reprendre, l'œil qui frise, tourné vers son épouse Carla : « Non, ça ne serait pas sérieux. Et puis, vous avez le président Macron maintenant, n'est-ce pas ? » Manière de rappeler à l'Élysée, à qui ces menaces voilées sont prestement rapportées, qu'il reste un rival potentiel et que sa voix pèsera dans la bataille de la présidentielle.

Les macronistes surveillent de près cette partie de poker menteur, bien placés pour savoir qu'il suffit de quelques mois, d'un peu de chance et de talent pour s'emparer de la forteresse de l'Élysée. « On le garde à l'œil, forcément. Sarko reste un fauve politique », concède un Marcheur. « Il n'a rien contre Macron, il pense qu'il est intelligent, qu'il a du courage, mais ça ne veut pas dire qu'il est à son service ni son obligé. J'ai toujours jugé crédible qu'il soit candidat en 2022 et pensé que l'adversité judiciaire pouvait le motiver encore plus, à la façon du comte de Monte-Cristo », philosophe un ministre de premier plan. Une résurrection à la Edmond Dantès, héros d'Alexandre Dumas suspecté à tort de bonapartisme et spectaculairement évadé des geôles du château d'If, au large de Marseille, pour assouvir sa vengeance. « Ou alors il revient comme le colonel Chabert ! » poursuit en souriant notre ministre lettré, en singeant l'ancien président sortant miraculeusement de terre, tel le personnage de

Balzac enseveli vivant sous un monceau de cadavres sur le champ de bataille d'Eylau, en Prusse-Orientale.

Usé, vieilli et fatigué, Nicolas Sarkozy ? Dans la garde rapprochée du président, on murmure qu'il a fait son temps, que son logiciel est daté, que son quart de siècle d'écart avec Emmanuel Macron le disqualifie. « Il nous explique droit dans les yeux comment il faudrait faire. Il nous parle comme s'il n'avait pas de passif. C'est toujours étonnant de voir quelqu'un qui, certes, a été président de la République, faire la leçon à quelqu'un de plus jeune que lui alors qu'il a voulu revenir en politique et n'a même pas réussi à gagner la primaire de son propre parti ! Il nous répète : "Si Macron veut être réélu, il faut qu'il fasse ceci et cela", mais il n'a pas été réélu lui-même ! C'est un homme exceptionnel, mais c'est aussi un monsieur qui vieillit, qui n'est plus au pouvoir depuis un bout de temps, qui est un peu en disque rayé », éreinte un Marcheur proche de l'Élysée, qui a eu l'occasion de le rencontrer. « Les hommes politiques qui ne sont plus au pouvoir vous racontent toujours l'époque où ils étaient en fonction comme si c'était la veille, soupire un autre grognard de la macronie, qui a longuement échangé avec Nicolas Sarkozy. Quand il était au Conseil constitutionnel, Giscard parlait de sa présidence comme si c'était hier. Et Sarkozy vit encore dans son quinquennat. Ils restent tous coincés au temps de leur gloire. Ils parlent avec un référentiel qui est daté. » Cruel.

Le principal intéressé n'ignore pas que ses cartes postales finiront par jaunir et s'écorner au fil du temps. Que le phénomène de librairie qui accompagne la sortie de chacun de ses livres sur sa gloire passée lassera un jour ses supporteurs les plus dévoués. Ses propres amis en conviennent. « Ce qui va être terrible pour Nicolas, et ça peut arriver très vite, c'est quand il va se retrouver avec des chefs d'État qu'il ne connaît plus. Sur la scène européenne, il n'y a plus aucun chef de gouvernement qu'il ait côtoyé. Prenez les pays de l'Est, l'Italie ou l'Espagne, il ne connaît plus leurs leaders ! Ce n'est pas une question de "nouveau" ou d'"ancien monde", simplement qu'il n'est plus une référence pour ses contemporains », convient, non sans tendresse, un élu qui a ses entrées dans ses locaux du « 77 ».

Sans parler des affaires. Elles sont, aux yeux des macronistes, leur meilleure assurance vie contre toute tentative de retour au premier plan. « Le problème de Nicolas Sarkozy, c'est qu'il a un agenda qui n'est plus que politique », susurre, perfide, un ministre.

C'est mal connaître la soif de revanche de l'ancien locataire de l'Élysée, résolu à transformer ses ennuis judiciaires en tribune politique. « Le procès des écoutes téléphoniques devait être la première étape de l'opération reconquête des cœurs, dévoile un sarkozyste. Il était convaincu qu'il allait être relaxé et que cette décision de justice lui ouvrirait le chemin du retour et de la rédemption, et lui permettrait d'aborder sereinement le procès suivant », l'affaire Bygmalion sur le dépassement de ses comptes de campagne de 2012. Longtemps, ces dossiers n'étaient pas considérés par son clan comme des obstacles rédhibitoires, car aucun ne serait définitivement jugé avant la présidentielle de 2022. Pas de verdict définitif, pas d'inéligibilité ! « Il n'y a aucune de ces affaires dont l'appel éventuel passerait avant la présidentielle. Les juges vont faire gaffe. Ils ne vont pas déclarer inéligible un candidat potentiel », voulait croire un proche en novembre 2020, à quelques jours de l'ouverture du procès Bismuth. Car un plan non avoué a bel et bien germé dans la sarkozie au mitan du quinquennat.

« Si c'est le chaos, c'est Sarko »

Hiver 2020. Les salamalecs du début du mandat entre les deux présidents ont vécu. La droite est en miettes après sa déroute aux européennes, sans ligne idéologique ni leader. Les Français sont ballottés de crise en crise, entre les Gilets jaunes qui ont fait vaciller la République, les grandes grèves contre la réforme des retraites qui ont paralysé le pays, le traumatisme de l'assassinat terroriste du professeur Samuel Paty, et une pandémie qui les voit confinés chez eux sans certitudes sur l'avenir, coupés de leurs proches, jusqu'à ne plus pouvoir dire adieu à leurs morts. Jamais le Rassemblement national de Marine Le Pen n'a semblé si proche des portes du pouvoir. Comme si les pires prophéties de Nicolas Sarkozy, qui ne cesse de répéter depuis 2017 que « ça ne peut que mal se terminer », étaient en passe de se réaliser.

Et si Emmanuel Macron s'effondrait dans les sondages ? S'il n'était pas en situation de se représenter, comme François Hollande avant lui ? La rengaine s'installe en ces mois sombres, alimentée par les responsables de droite avides de retrouver le chemin des ministères après près de dix ans d'abstinence. « S'il y a un drame national, le recours c'est Sarko ! » proclame un intime de l'Ex, dans une tirade aux allures de slogan. « Nicolas ne cherche pas à revenir. Mais il a quand même un truc dans la tête : si on a une énorme tuile, comme un krach financier international, il est le seul vers lequel les Français pourront se tourner. Les affaires, la Libye, on oublierait tout ça. Il a tous les défauts du monde mais, c'est un capitaine de tempête », décrypte, sans langue de bois, une figure centriste.

Une petite phrase fait alors florès dans la classe politique, que d'aucuns prêtent à l'ancien président, malgré les démentis de son équipe : « Si c'est le chaos, c'est Sarko. » Traduction : si l'état du pays virait au drame, il serait le seul recours possible. Certains sarkozystes se prennent à rêver à voix haute d'un *come-back* triomphant de leur champion, entretenant la légende gaullienne du vieux sage revenant aux affaires pour sauver la nation en péril après une traversée du désert. Tel le Général en 1958. « Nicolas est la valeur refuge, comme l'or pendant la guerre ! » entonne le sénateur Pierre Charon. « Tout est possible. C'est très difficile aujourd'hui d'être président et d'être réélu. Ça sera aussi difficile pour Macron que ça l'a été pour Hollande », esquisse un autre compagnon de route, au moment où la crise sanitaire plonge le pays dans son plus grand tourment depuis l'après-guerre. Certes, micro ouvert, le plus célèbre retraité de la vie politique affirme qu'il a « tourné la page », qu'il ne « souhaite pas le chaos ». « Si l'élection avait lieu aujourd'hui, il n'irait pas. C'est net et clair, abonde un vieux complice. Mais si les circonstances le justifiaient, il pourrait se présenter au tout dernier moment, presque à la date légale du dépôt des candidatures présidentielles. Parce qu'il n'a pas besoin d'une campagne de notoriété et que ce sont les circonstances qui amèneraient à un retour, pas un calcul politicien. » Une guerre éclair, en somme, une *Blitzkrieg* prenant de court l'adversaire. « S'il le faisait, ça ne serait pas huit ou neuf mois avant, plutôt quarante-huit heures avant[1] », spécule le maire de Nice Christian Estrosi, qui n'y croit guère, au point d'avoir quitté LR pour rejoindre les rivages macronistes.

Jamais, murmurent les mêmes, Nicolas Sarkozy n'affrontera Emmanuel Macron. Il ne sait que trop, pour avoir vécu aux premières loges la guerre fratricide entre

1. Entretien avec les auteurs, le 13 mars 2021.

Jacques Chirac et Édouard Balladur en 1995, ce qu'il en coûte d'aligner deux candidats sur le même segment électoral. Mais si le président se retrouvait entravé politiquement, voire victime d'un funeste destin à la John Fitzgerald Kennedy… «Il faudrait un contexte gravissime, que le président soit empêché ou assassiné. Si Macron est en situation d'être réélu, Sarkozy l'aidera à sa manière et ne se présentera pas contre lui. Mais si Macron dévisse dans les sondages, le seul candidat à droite, c'est Sarko. Il peut être le recours, avec l'aval des macronistes», esquisse un intime, qui prophétise même : «Le prochain président de la République s'appellera Macron ou Sarkozy!» Des témoins privilégiés affirment avoir entendu l'ancien président évoquer devant eux cette audacieuse hypothèse : «Je n'irai pas contre le président s'il ne s'effondre pas. Mais s'il s'effondre, j'y vais et je me déclare trois mois avant!» Le scénario du recours, voilà le plan.

Le «peuplier»

Fin janvier 2018, on festoie dans les appartements privés du ministre des Comptes publics, à Bercy. Pour célébrer le soixante-troisième anniversaire de Nicolas Sarkozy, Gérald Darmanin a réuni son ancienne équipe de campagne de la primaire de 2016 avec Carla. La soirée est d'abord plombée par l'ouverture d'une nouvelle enquête pour viol contre l'ancien maire de Tourcoing[2], mais l'on rit beaucoup, on parle de politique et de l'avenir des Républicains. Devant ses affidés, l'ancien président répète qu'il ne croit pas à la disparition durable

2. Au sujet de cette affaire, voir la note à la page 49.

du clivage gauche-droite. Avec son « et en même temps », prédit-il, Emmanuel Macron peut finir pris en étau, lâché par une partie de ses soutiens à droite, si un leader émerge dans le giron des Républicains, et abandonné par ses électeurs de gauche, déçus par sa politique. « Il n'a pas de socle électoral. Et quand on n'a pas de socle, on est fragile », avertit-il.

Il est frappé par la solitude d'Emmanuel Macron, lui qui disposait d'une armée de briscards toujours prêts à le défendre aveuglément, les Brice Hortefeux, Nadine Morano, Frédéric Lefebvre ou Rachida Dati. Il lui en fait la remarque les yeux dans les yeux, lors d'un de leurs discrets déjeuners à l'Élysée : « J'étais détesté autant que vous. Mais moi, j'avais un tiers des gens prêts à se faire tuer pour moi. » Sarkozy, qui décortique les sondages avec délectation, voit bien que sa cote de popularité ne faiblit pas chez les sympathisants de droite, chez qui il demeure invariablement en tête. Dans leur cœur, il reste la statue du commandeur, la référence, le pape. Une cote d'amour qu'il entretient en réactivant le souvenir de ses années passées aux commandes du pays avec ses livres, *Passions*, livré à l'été 2019, *Le Temps des tempêtes*[3], rédigé durant le premier confinement et publié en juillet 2020, et enfin *Promenades*[4], son dernier opus diffusé à la rentrée 2021, où il clame son amour pour l'art et la littérature. Manière, pour lui qui aimait tant les meetings, au point de se retrouver en loges la chemise trempée de sueur, de renouer avec le contact charnel grisant, avec la foule s'époumonant : « Nicolas, président ! » Grand affectif, l'ancien président a besoin de se sentir aimé. « Il doit nourrir ses fans. Il chanterait, ils achèteraient ses disques,

3. Livres publiés aux éditions de l'Observatoire.
4. Livre publié aux éditions Herscher.

s'amuse un proche. Ça lui permet d'exister, de montrer aux Pécresse, Bertrand et Wauquiez qu'il reste le patron. Il vend encore plus de 200 000 exemplaires ! »

Avant tout le monde, Nicolas Sarkozy a compris, déçu, que son favori François Baroin n'avait pas le feu sacré pour postuler à l'élection présidentielle. S'il avait été réélu en 2012, il en aurait fait son Premier ministre. Nul autre ne trouve grâce à ses yeux à droite. Cela le désole, autant que ça le flatte. A-t-il tellement envie, au fond, qu'une autre personnalité issue de LR lui succède au sommet de l'État ? Devant ses visiteurs, Sarkozy a ces mots qui en disent long, étirant amplement les bras comme s'il déployait des ailes : « Moi, je suis le peuplier. Et sous le peuplier, il n'y a rien qui pousse. » Un député s'amuse des confidences de Michel Gaudin, le directeur de cabinet de l'ancien président, qui aime entretenir cette flamme : « Ce qui est génial avec Michel, c'est qu'il dit tout haut ce que pense Sarko : "C'est une catastrophe, monsieur le Député, le président va devoir y retourner !" »

Depuis son Aventin de dernier président de droite de la Ve République, Nicolas Sarkozy entend bien continuer à tirer quelques ficelles. Qu'il s'agisse du candidat à qui il apportera son soutien… ou de lui-même. Chez les électeurs des Républicains, la « sarkostalgie » reste vive. N'en déplaise aux quadras et quinquas du parti qui, en privé, subissent son ombre tutélaire, les cadres du mouvement, eux, en redemandent. « Si Macron dévisse, le seul candidat à droite, c'est toi ! » entend-il en boucle. « C'est un des derniers qui fédèrent encore, c'est une qualité rare. Il a son fan-club. Macron ne fédère pas », approuve Rachida Dati. « En navigation, on a besoin d'amer [*NdA* : point de repère fixe]. Je suis un très modeste navigateur du Nord-Bretagne, mais quand vous voyez l'amer blanc depuis le large, ça veut dire qu'il ne fait pas très beau et qu'il faut aller dans telle direction. Il reste une référence », décrit joliment le président du Sénat Gérard Larcher[5], qui s'est beaucoup rapproché de l'ancien chef de l'État, avec qui il partage quelques vues sur la laïcité. « Nicolas est fait pour les tempêtes, pas pour le temps calme. Il nous manque tellement… Dans des périodes comme celle qu'on traverse, il aurait été exceptionnel, soupire un vieil ami qui requiert l'anonymat. Le scénario de son retour, je ne l'enterre pas. Pour la raison suivante : même si les conditions sont hypercompliquées, même s'il s'est pris une branlée à la primaire de la droite, s'il a ses affaires judiciaires, je sais une chose : de tous les hommes politiques que je connais, dans les moments difficiles, il est le meilleur pour défendre les Français. Je regrette qu'il ne soit pas aux commandes aujourd'hui… »

Jusqu'à quel point le scénario d'une candidature a-t-il été envisagé, et pas seulement « en se rasant » ? « Giscard y pensait encore ! Copé y pense encore ! Vous avez dix mecs dans la classe politique qui y pensent. Sarko doit se dire que si la Lune tombe sur Mars et que Mars touche le Soleil, alors pourquoi pas », esquisse Gérald Darmanin devant ses visiteurs. « Après, il y a ses procès, son couple, l'argent qu'il gagne, la bassesse de la politique et les réseaux sociaux. À mon avis, il n'a aucune envie de revenir, confie une autre connaissance. Sauf si Emmanuel Macron n'y retourne pas et qu'Édouard Philippe n'y va pas non plus. »

5. Entretien avec les auteurs, le 12 mai 2021.

« Renaissance »

Pour comprendre quel ressort anime cet animal politique depuis plus de quatre décennies, il faut remonter le fil de sa carrière. Élu pour la première fois en 1977 conseiller municipal de Neuilly-sur-Seine, à l'âge de vingt-deux ans. Maire de la cité altoséquanaise cinq ans plus tard, avant d'enchaîner la quasi-totalité des postes qu'offre la République, de président de conseil général à député, ministre, jusqu'au saint des saints, l'Élysée, à l'exception notable de Matignon que Jacques Chirac lui a toujours refusé.

« Il est candidat à la présidentielle depuis le 28 janvier 1955 [*NdA* : jour de sa naissance] ! C'est du non-stop. Il ne s'arrêtera jamais, jamais », décrypte son ancienne ministre Rachida Dati. Quel est le moteur de cette inextinguible ambition ? La soif de reconnaissance, dictée par quelque faille narcissique ? Le goût du pouvoir et l'envie de transformer le pays ? La peur de la mort, fût-elle symbolique ? « S'il veut rester vivant, il doit rester politique jusqu'au bout. La politique, c'est sa vie. Ça se confond avec tout chez lui. Mais il ne faut pas mélanger ambition – c'est-à-dire mener campagne, activer des réseaux, se présenter à la présidentielle, ce qui à mon avis n'est pas du tout dans ses intentions – et rester en politique pour rester vivant. C'est toute la différence. Pour lui, c'est une question de vie ou de mort, analyse finement Bruno Le Maire[6]. Qui peut croire une seule seconde à la grande traversée du désert à la de Gaulle pendant douze ans, serein, à méditer du haut de la colline de Colombey ? La vérité, c'est que le Général se

6. Conversation avec des journalistes, dont l'un des auteurs, le 25 septembre 2020.

disait tous les jours : “Putain, mais quand est-ce que je reviens ?” »

Jamais le démon de la politique n’a quitté Nicolas Sarkozy. Bien qu’officiellement en retrait, chaque déplacement, qu’il soit d’ordre public ou privé, lui donne l’occasion de commenter les affaires du pays.

Début 2020, l’ancien président livre une conférence à huis clos en Arabie saoudite. Dans cette péninsule tenue d’une main de fer par le prince héritier Mohammed ben Salmane, il est reçu comme un roi. Il s’y rend très régulièrement, presque toujours à la même adresse, au Ritz Carlton de Riyad, hôtel cinq étoiles. Sur ses vingt et un hectares se dressent deux palaces gigantesques de style Second Empire, offrant cinq cents chambres de luxe. Plus sombrement, le site fut le théâtre de la détention forcée, entre novembre 2017 et janvier 2018, de près de deux cents hommes d’affaires, princes et anciens ministres. Une spectaculaire opération de purge, diligentée officiellement contre la corruption qui gangrène le pays. Une démonstration de force de « MBS ». Deux ans plus tard, Nicolas Sarkozy se retrouve à deviser dans un anglais approximatif avec les dirigeants saoudiens. Devant cet auditoire de haute volée, il se fait lyrique, revenant sur les succès et les échecs de sa longue carrière. « J’ai gagné, j’ai perdu. J’ai été élu, j’ai été battu. J’ai été marié, j’ai divorcé. De tout cela, j’ai appris une chose : que les fleurs éclosent, que les arbres grandissent, et que le moment est venu de la renaissance », rapporte un discret spectateur, qui en est reparti avec le sentiment que l’ancien président n’avait pas renoncé à redevenir le sauveur suprême.

Le 16 septembre 2020, convié au Marché international des professionnels de l’immobilier à Boulogne-Billancourt

(Hauts-de-Seine), il livre micro en main une nouvelle conférence. Laquelle tourne à la diatribe contre les maires écologistes issus des municipales du printemps. Dont Grégory Doucet (Lyon), qui a dénoncé le Tour de France « machiste et polluant », et Pierre Hurmic (Bordeaux), qui ne veut plus voir dans sa ville de sapins de Noël au motif qu'il s'agirait d'« arbres morts ». « Si demain quelqu'un voulait construire la tour Eiffel, ceux qui défendent les crapauds à dos jaune et à pois bleus s'y opposeraient au nom de la préservation de l'espèce ! » charge l'invité d'honneur devant un auditoire hilare. Et de se remémorer son enfance et la période des fêtes qu'il attendait « toute l'année », quand il allait avec sa mère « Dadu » choisir le sapin. « Je n'avais pas le sentiment d'être un criminel qui faisait du mal à l'humanité », embraye-t-il, avant de conclure à la manière d'un humoriste qui achève son *stand-up* en espérant un rappel de la foule : « Si c'est ça la politique, ça me fait du bien de ne plus être en politique ! » Un show bien éloigné des préoccupations immobilières sur lesquelles il était censé s'exprimer.

« Nicolas ne sait pas vivre sans politique. Quand il donne une conférence, il fait un meeting. Quand il tient une réunion pour Accor, vous croyez qu'il parle d'ouvrir un Ibis à Nogent-le-Rotrou ? Non, sourit un sarkozyste. Quand il est reçu par des chefs d'entreprise, il ne parle pas de la place d'Accor en Turquie, mais de la place de la Turquie dans le monde, des enjeux internationaux. Il a une réflexion sur le monde, la politique, un avis sur tout. Vous pouvez lui parler de pêche au Groenland, il vous trouvera certainement un truc ! »

À quel point son combat contre les juges coïncide-t-il avec les rumeurs de son retour ? Plus les affaires s'accumulent, plus les confidences sur son *come-back* se font insistantes. « La riposte politique est aussi chez lui une forme de riposte judiciaire. Sarkozy n'a pas envie de rester dans les mémoires comme le *recordman* des mises en examen. Plus il est ennuyé par les juges, plus le bruit sur une possible candidature est puissant », constate, fine mouche, un membre du gouvernement.

Éliminé par son propre camp en 2016, l'ancien président n'ignore pas que son temps est peut-être passé et que de nouvelles personnalités, plus jeunes, plus attractives, se dressent sur sa route. À commencer par un certain Édouard Philippe, populaire et libre de ses mouvements depuis qu'Emmanuel Macron a choisi de s'en séparer.

6

Un intrus prénommé Édouard

Dans son bureau du premier étage de Matignon, Édouard Philippe ajuste son nœud de cravate et défroisse son costume. Ce 2 juillet 2020 au soir, il a rendez-vous avec le président à l'Élysée pour une réunion avec les responsables du Sénat Gérard Larcher, de l'Assemblée Richard Ferrand et du Conseil économique, social et environnemental Patrick Bernasconi. Avant un tête-à-tête qui doit sceller son destin. Il tapote le revers de sa veste d'un air entendu. À l'intérieur, il a glissé sa lettre de démission. Emmanuel Macron l'acceptera-t-il, ou le reconduira-t-il dans ses fonctions ?

À son retour, une heure plus tard, il gravit le grand escalier de marbre d'un pas léger en chantonnant un de ces hymnes que la gauche affectionne. Détail incongru en ces heures de tension. « Ce n'était pas *L'Internationale*, mais quelque chose du genre », se souvient un conseiller, qui guette le moindre indice sur le visage de cet homme si secret. Édouard Philippe s'enferme dans le bureau de son directeur de cabinet et ami, Benoît Ribadeau-Dumas. Derrière la porte, quelques éclats de rire fusent. Il en sort sans un mot. Son bras droit et complice Gilles Boyer, le chef de la communication Charles Hufnagel, le conseiller chargé des élus Xavier Chinaud, les conseillers spéciaux Thierry Solère et Jérôme Bonnafont sont dans les affres de la torture. « Vous attendiez quelque chose ? » les toise Philippe, indéchiffrable. Dans son bureau, le téléphone sonne. C'est Alexis Kohler, le secrétaire général de l'Élysée. Que peut-il bien lui vouloir ? Les conseillers, penauds, quittent la pièce et filent voir Ribadeau-Dumas pour tenter de le cuisiner. « Alors, on reste ? » L'intéressé, qui sait à quoi s'en tenir et se prépare à une longue nuit pour transmettre les dossiers à l'équipe suivante, ne lâche rien.

La conversation avec Kohler s'achève. La silhouette longiligne de Philippe se dessine dans l'encadrement de la porte du bureau d'Hufnagel, où la petite troupe a trouvé refuge. « Je sais que vous mourez d'envie de savoir ce qui s'est dit à l'Élysée sur la perspective à vingt ans des présidents du Sénat, de l'Assemblée et du CESE ! » les taquine-t-il, ménageant son effet. La plaisanterie les fait modérément rire. « J'ai donné la démission du gouvernement », lâche-t-il après s'être servi une bière. La belle affaire ! Il se garde bien de préciser si le président l'a acceptée. « Et si ce n'était pas moi, ce serait qui, à votre avis ? » les sonde-t-il, toujours sans un mot, avant de partir dîner avec son épouse Édith Chabre et leurs enfants, Anatole, Léonard et Sarah.

L'équipe de Matignon se retrouve seule, dépitée. Va pour un plateau-repas. Ce sera le dernier. Ils n'apprendront que le lendemain matin que l'épopée est terminée. À l'Élysée, le président a signifié à Édouard Philippe que Jean Castex allait lui succéder. « Le coup de fil de Kohler, c'était pour qu'il n'y ait pas de fuites dans la soirée, car le Parlement siégeait encore. Il aurait fallu suspendre la séance si la nouvelle d'un gouvernement démissionnaire avait été rendue publique », raconte un conseiller.

Triomphalement réélu maire du Havre avec 58,8 % cinq jours plus tôt, le juppéiste pensait bénéficier d'un talisman le prémunissant contre tout licenciement. Le président a tranché : son bail est terminé.

Règlement de comptes

Ce départ contraint, il l'a vu venir. Depuis des mois, Philippe répète que la logique institutionnelle veut que le chef de l'État remanie largement son équipe ministérielle à mi-mandat. « Il se posera la question de son dispositif politique et gouvernemental au lendemain des municipales, et il aura bien raison », prophétise-t-il. Devant Richard Ferrand, premier des macronistes croisé quelques jours auparavant, il a ces mots : « L'objectif c'est que le président soit réélu, et s'il considère qu'il faut mettre un coup de gaz, c'est peut-être maintenant. Je dois le voir, je lui dirai. »

Mais Macron ne laisse rien filtrer devant lui de ses intentions. Au matin du 2 juillet, le président évoque dans un entretien à la presse régionale une « nouvelle équipe », sans préciser qui a vocation à la conduire. L'encore Premier ministre, qui n'a nullement été associé à des réunions autour d'un remaniement, comprend que quelque chose se trame, mais il ne veut pas croire aux rumeurs de presse donnant ses ministres Bruno Le Maire, Jean-Yves Le Drian ou Florence Parly à sa place. Seul son ami Gérald Darmanin voit juste. « Il mettra une sorte de Jean Castex à Matignon », prédit l'élu du Nord, qui imagine bien un élu local, doté d'une solide expérience de la haute administration, remplacer son ami. Aussi lui a-t-il conseillé d'arrondir les angles avec le président, en faisant taire la petite musique sur un Matignon devenu tout-puissant, et en adhérant comme lui au parti présidentiel.

Philippe ne s'y est jamais résigné. « Je n'ai pas pris ma carte à En marche, et c'est la meilleure décision que j'ai prise ces dernières années ! » ose-t-il un jour en réunion des députés LREM, jetant un froid. Dans le mois qui précède son départ, le besoin de réfléchir à la suite de sa carrière se fait sentir, comme un pressentiment. Discrètement, parfois sans en informer ses proches, Édouard Philippe reçoit à sa table d'anciens Premiers ministres passés par les mêmes heures d'incertitude, François Fillon et Alain Juppé, son mentor.

Au fond, il aurait bien poursuivi l'aventure, malgré les tensions avec le Château sur la réforme des retraites ou le prélèvement fiscal à la source. Philippe a pris goût au pouvoir. Jamais, même au pire de la crise du Covid-19, quand les hôpitaux ont manqué de se retrouver à court de curare, il n'a songé que Matignon était l'enfer dépeint par ses prédécesseurs. Certes, il n'entendait pas rester à n'importe quelles conditions. Il voulait peser sur les réformes à venir, avoir son mot à dire sur le futur casting gouvernemental. Il avait commencé à réfléchir à une nouvelle architecture ministérielle, avec des périmètres remaniés et des élus locaux aux postes de secrétaires d'État afin d'oxygéner un dispositif coupé à l'excès du pays profond. De discrets contacts avaient même été pris avec des proches de Valérie Pécresse pour sonder si elle était prête à les rejoindre. Après 1 145 jours, le tandem Macron-Philippe prend fin.

C'est le déconfinement qui a eu raison de l'entente raisonnable entre ces deux hommes, qui n'ont jamais été des intimes et n'ont même jamais déjeuné en couples du temps de leur étrange cohabitation. Énarque et conseiller d'État de formation, Édouard Philippe a une haute idée du fonctionnement des institutions, qui ne souffre pas la familiarité. « On n'imagine pas l'ampleur de la non-communication entre ces deux hommes, à quel point ils ne se parlaient pas. Ils se sont créé un cérémonial de fonctionnement et ne se tutoyaient qu'en l'absence de témoins. Alors que j'ai des tonnes de textos du président, ce n'est pas le cas d'Édouard, qui n'est pas très téléphone », explique un interlocuteur régulier du chef de l'État.

Après deux mois d'une quarantaine éprouvante pour le pays, le président décide d'appuyer sur l'accélérateur pour redémarrer l'économie. Sur l'autre rive de la Seine, Matignon contre-arbitre et freine ses décisions. « Ce n'est pas bien la façon dont les choses se sont passées à la fin avec le président, pas bien du tout ! vilipende un ministre en cour à l'Élysée. Le Premier ministre jouait la carte de la prudence, il appuyait sur toutes les touches faciles, au détriment du président qui avait les touches difficiles. Ce n'était pas très beau à voir. » Le patron du Puy du Fou, Philippe de Villiers, qui en veut à mort au chef du gouvernement de s'être opposé à la réouverture rapide des parcs d'attractions, s'en va partout répétant que Macron lui a soufflé cette perfidie : « Le Premier ministre gère son risque pénal. » La phrase laisse Philippe meurtri. Il ignore que, devant quelques fidèles, le président tient des propos bien plus abrupts encore : « Je suis décidé à changer de Premier ministre et rien ne me fera changer d'avis ! » Le 13 avril 2020, dans son allocution télévisée annonçant le déconfinement, il met brutalement Philippe en tension en lui rappelant qui est le patron. Il lui laisse quelques jours seulement pour rouvrir le pays. « Pour les détails, adressez-vous au petit personnel ! » égratigne un familier des Macron, qui a bien compris que le président avait lâché son bras droit. « Il lui a mis le pistolet sur la tempe. C'est une mission suicide ! On retiendra de Philippe qu'il aura été un putain de Premier ministre... », soupire un conseiller de l'exécutif, s'exprimant de façon prémonitoire au passé.

Macron ne l'avouera jamais, mais il en veut au populaire Philippe d'avoir tant pris la lumière, trouvant à chaque intervention télévisée la bonne mesure, quand lui n'osait pas prononcer le mot « confinement » ou en faisait trop en décrétant que le pays était « en guerre ». « Édouard a su trouver les mots que le président n'a pas trouvés », confesse un ministre de droite, qui a vu leur relation se dégrader au fil du confinement.

Sur le plan politique aussi, les choses se corsent. Des mois durant, le chef du gouvernement, lui-même candidat dans sa ville du Havre (Seine-Maritime), s'efforce de convaincre le président et son parti que les élections municipales seront un chemin de croix. « Si vous voulez gagner des villes, il va falloir faire alliance avec des maires de droite compatibles. Et ça, il faut le faire très tôt », insiste l'homme chargé de faire « travailler la poutre » à droite. LREM fait la sourde oreille. Sans surprise, le scrutin se solde par un naufrage, dont les rescapés s'appellent Philippe et Darmanin. « Édouard s'est dit : "Qu'ils se démerdent, moi je vais m'occuper de ma ville, parce que je ne veux pas la perdre" », raconte un proche.

Ce 3 juillet, dans les jardins de Matignon, son pot d'adieu a un goût de larmes. « On a dit de vous que vous étiez des technos, mais soyez fiers, car vous êtes l'État », lance fièrement Édouard Philippe aux membres de son cabinet et aux quelques ministres avec qui il s'est lié d'amitié, Sibeth Ndiaye ou le centriste Marc Fesneau. Benoît Ribadeau-Dumas ne résiste pas à l'envie de rappeler qu'il gardait dans son bureau un article jauni du *Canard enchaîné* racontant comment Jean-Paul Delevoye, éphémère haut-commissaire aux Retraites, parlait des «sales cons de Matignon» avec les conseillers du Palais. Haï par la macronie, le bras droit de Philippe sera mal récompensé de ses mois de sacrifices dans le poste réputé le plus difficile de la République. Nommé en décembre 2020 successeur de Denis Kessler à la tête de la Scor (Société commerciale de réassurance), quatrième réassureur mondial, le «diable de Matignon», surnom de Ribadeau-Dumas, sera évincé à la surprise générale après quelques mois. Règlement de comptes politique ou économique ?

«Le chauve»

Édouard Philippe n'ignore pas qu'un homme a pesé dans la balance en sa défaveur : Nicolas Sarkozy. L'ancien président l'a longtemps méprisé. Dans son regard, ce lieutenant d'Alain Juppé restait le modeste délégué général des services de l'UMP, ancêtre des Républicains, qu'il avait croisé du temps où le maire de Bordeaux mettait sur pied cette machine de guerre partisane, à la demande de Jacques Chirac, pour fusionner la droite et le centre. «Nicolas ne connaissait pas Édouard. Pour lui, c'était un ancien permanent du parti, le type à qui on demande : "Tu me fais une petite photocopie!"» grince un sarkozyste. Circonstance aggravante, ils ont manqué de peu d'en venir aux mains lors du congrès fondateur de l'UMP au Bourget (Seine-Saint-Denis). Le 17 novembre 2002, Édouard Philippe s'interpose pour empêcher Nicolas Sarkozy de faire une entrée en fanfare et voler la vedette à Alain Juppé. L'alors ministre de l'Intérieur, estomaqué de tant d'insolence, l'alpague en loges en lui frappant la poitrine du poing : «Toi, tu ne me refais jamais ça!»

Entre le filiforme Philippe et le râblé Sarkozy, il y a quelque chose de chimique qui ne passe pas. « Ils se sont toujours détestés, y compris physiquement : le grand, le petit… », relève un intime de l'ancien président. Lequel surnomme toujours Philippe « le chauve », comme pour le faire descendre de sa haute stature. Deux jours avant son entrée à Matignon, l'Ex balayait encore la rumeur insistante de sa nomination, un brin condescendant : « Si Macron nomme Philippe à Matignon, je ne comprends plus rien à la politique ! » Un détail en dit long sur l'aversion entre ces deux hommes, qui ont pourtant appartenu à la même famille politique : le 15 mai 2017, officiellement désigné chef du gouvernement, Édouard Philippe s'est rendu compte qu'il n'avait même pas le numéro de portable de Nicolas Sarkozy, qu'il souhaitait appeler par correction.

C'est Gérald Darmanin, encore lui, qui joue les pacificateurs en organisant un déjeuner en juin 2018, à la demande du Premier ministre. Il fait beau en ce début d'été et les services de Matignon proposent de dresser la table dans le pavillon de musique au fond du parc, où Philippe aime recevoir ses hôtes de marque et amis. Nicolas Sarkozy ne pose qu'une condition : être accueilli par le grand portail officiel du 57, rue de Varenne (Paris VIIe). « Pas de problème, par contre je ne passe pas par le jardin, mais par l'entrée. » Question de standing. Entre Sarkozy et Philippe, le courant finit par passer. L'on rit beaucoup lors de ce déjeuner. Une sympathie naît. Les mois suivants, l'ancien président déconseillera à Emmanuel Macron de changer de locataire à Matignon, pour éviter de se créer un ennemi à l'extérieur. « Le mien était nul, le vôtre un peu moins. Et vous courez le risque d'avoir trois détestations au lieu d'une : quand vous nommez un Premier ministre, il vous déteste au bout de six mois. Si vous le virez, il vous déteste encore plus et devient un problème, et le nouveau vous déteste aussi au bout de six mois ! »

Durant le premier confinement, le ton change. Nicolas Sarkozy met en garde son successeur, qui l'appelle au cap Nègre pour solliciter son avis, contre la tentation de nommer Bruno Le Maire à Matignon. Mais il l'encourage à remplacer Édouard Philippe par un homme à lui, Alexis Kohler. « Ne faites pas la même erreur que moi qui ai gardé François Fillon cinq ans. » « Les propos de Sarko n'étaient pas dirigés contre Édouard, c'était quelque chose d'arithmétique, on arrivait à la moitié du mandat », tempère un philippiste.

Il n'y a aucune hostilité, de fait, lors de leur dernier déjeuner à Matignon en juin 2020, un mois avant le départ de Philippe. Dans le Salon jaune, ils discutent du rôle de la Turquie, de la Russie, et Nicolas Sarkozy tient à l'encore Premier ministre des propos réconfortants. « Il n'y a pas de mauvaise option pour vous, que vous partiez ou que vous restiez. Vous avez de l'avenir ! » « Philippe m'a dit qu'il voulait rester, mais pas à n'importe quel prix. Ils disent tout ça ! Finalement, je l'aime bien », souffle l'ancien président en repartant. Un déjeuner non dénué d'arrière-pensées, alors que le maire du Havre veut continuer à peser dans le paysage politique. « Il sait très bien qu'il faut cajoler Sarko. Quand il commence à dire du mal de toi, tu fais le siège de son bureau. Quand Édouard l'invite à déjeuner à Matignon au printemps 2020, alors qu'il sait qu'il plaide pour son départ, il lui gratte la couenne ! » sourit un stratège du maire du Havre.

Rapidement, les incompréhensions s'accumulent entre la macronie et Édouard Philippe. Alors que ce dernier fait ses cartons à Matignon, l'Élysée commet une lourde erreur en faisant fuiter, le jour de son licenciement, qu'il a accepté de continuer à jouer un rôle auprès du président pour réorganiser la majorité. Objectif : éviter qu'il ne prenne son indépendance, alors que sa cote de confiance dépasse celle du chef de l'État dans les sondages. Froissé, le fier Philippe sent qu'on cherche à lui tordre le bras. Il ne sera pas dit qu'il est le laquais du président ! On lui a rendu sa liberté, contre sa volonté, il va s'en servir. Il dément l'information. « Il n'entend pas être traité comme un petit collaborateur », prévient un ministre ami.

Les « off » des macronistes vantant les mérites de Jean Castex, qui « prend mieux les coups » que lui pour protéger le chef de l'État, le piquent au vif. S'il joue les dandys, le Havrais est un rien soupe au lait. « Sous ses airs de gars qui fait des imitations de Chirac et Sarko en buvant de la bière, c'est un dur. Un jour, en colère contre moi, il m'a dit : "Tu sais, j'aime bien faire de la boxe, au sens propre comme au sens figuré" », se remémore un Marcheur. Soucieux de marquer son territoire face à ce prédécesseur à la popularité encombrante, Jean Castex s'empresse de rencontrer les responsables de la majorité pour leur signifier qu'ils n'ont qu'un seul chef : lui !

Le projet de confier une mission à Édouard Philippe a pourtant bien existé. Emmanuel Macron réfléchit à noyer son parti dans un ensemble plus large qui réunirait toutes les formations de la majorité, de LREM au MoDem, sur le modèle de l'UMP. C'est le seul moyen, songe-t-il, de limiter la casse aux élections législatives de juin 2022, qu'il n'est pas assuré de remporter, si tant est qu'il soit réélu. Et un homme a vocation à ses yeux à piloter cette future « maison commune » : Édouard Philippe. Informé, François Bayrou s'y oppose mordicus. Éventé prématurément, le projet capote.

Entre le président et son ancien chef du gouvernement, la relation se distend. Ils ne se revoient pas durant de longs mois[1]. Sans parler de cette cérémonie sans cesse repoussée, officiellement pour cause de pandémie, au cours de laquelle Macron doit lui remettre les insignes de grand officier de la Légion d'honneur. Un privilège accordé à tout Premier ministre après deux ans passés au gouvernement.

Essoré en ce début d'été 2020, où il déménage sans préavis des bureaux dorés de Matignon à la mairie du Havre, le désormais ex-Premier ministre part rejoindre les rives de sa douce Italie. Place aux spritz, au soleil et à la Peroni, fameuse bière de la Péninsule. Là, il retrouve les joies de la lecture, des séries et de l'écriture. Avant de décoller, il parle avec son ami Gilles Boyer d'un projet qui le taraude : raconter son expérience à Matignon. Façon de continuer à exister et d'entretenir sa cote d'amour dans l'opinion. « Les macronistes voulaient le ranger comme un bibelot dans leur bibliothèque des trophées, se rengorge un lieutenant. Eh bien non, on va en entendre parler ! »

La doublure

Après des mois de gestation, son livre *Impressions et lignes claires*[2] donne le coup d'envoi d'une campagne sous-marine pour tester sa désirabilité. Libéré de ses obligations gouvernementales, le maire du Havre renoue le contact avec des élus de droite, qu'il emmène arpenter les quais de la Seine, son « bureau mobile », comme il dit, pour déjouer les restrictions de circulation liées au

1. Emmanuel Macron convie Édouard Philippe le 5 octobre 2020 à l'Élysée et lui renouvelle sa proposition de lui confier les rênes de la « maison commune » de la majorité.

2. Coécrit avec l'eurodéputé LREM Gilles Boyer, JC Lattès, 2021.

Covid-19. Devant eux, il écarte toute idée de candidature dissidente contre Emmanuel Macron, mais il s'inquiète de voir Marine Le Pen s'installer à l'Élysée au printemps 2022. « J'ai peur d'un accident démocratique », frémit-il dans le secret de leurs conversations.

Et si le président s'effondrait dans les sondages, au point d'être balayé par la patronne du Rassemblement national ? Si Emmanuel Macron renonçait brutalement à se présenter et passait le flambeau à son ancien Premier ministre ? En ces heures d'incertitude, où nul ne sait si l'épidémie va s'éterniser et infliger à l'économie un krach digne des années 1930, les esprits s'emballent. Et si son tour était bientôt venu ? « J'aime être aux manettes », confie Édouard Philippe au *Point* le 31 mars 2021, relançant les spéculations sur ses intentions. « Emmanuel Macron doit mal dormir la nuit. Il doit craindre de subir un hold-up à son tour, lui qui a piqué le bureau de François Hollande dont il était l'ancien ministre et conseiller. Les cambrioleurs n'ont qu'une peur : être cambriolés à leur tour ! » se régale un parlementaire de droite, qui ne dirait pas non à une candidature Philippe.

Progressivement, l'idée s'installe qu'il pourrait être le recours, le suppléant si le chef de l'État venait à renoncer. « Macron a ouvert le soupirail en disant qu'il ne serait peut-être pas en situation de se représenter[3] ! Donc le père Édouard fait le tour de chauffe à toutes fins utiles et, si le moment n'est pas venu, il rentrera au paddock. Il ne faut rien exclure : qui aurait imaginé les Gilets jaunes et la pandémie ? » murmure un élu centriste.

3. « Peut-être que je devrais faire des choses dans la dernière année, dans les derniers mois, de dur – parce que les circonstances l'exigeront –, et qui rendront impossible le fait que je sois candidat. Je n'exclus rien », Emmanuel Macron, interview au média en ligne *Brut*, le 4 décembre 2020.

L'homme à la barbe bicolore fait fantasmer. Le voilà qui fait de l'ombre à Nicolas Sarkozy à droite. Par un fascinant syndrome de Stockholm, des élus LR cèdent à la « Doudoumania », trois ans après l'avoir sèchement évincé de leur parti. « Il fait rêver, Édouard ! Il a montré qu'il était un très bon Premier ministre, il a de la classe. C'est tout à son honneur d'être loyal envers Macron, mais s'il veut devenir président un jour, il va falloir qu'il franchisse le Rubicon ! » met au défi un proche de l'ancien président.

Candidat dès 2022, ou en 2027 seulement ? Dans sa tête, il lui faut se tenir prêt à postuler dans six ans, comme dans six mois. Six ans, c'est long, que faire d'ici là, que Macron soit réélu ou pas ? Président de l'Assemblée nationale, leader de l'opposition, ministre d'État chargé des Affaires étrangères, grand patron d'une CDU à la française ? « S'il y en a un qui peut penser que tout est possible, c'est Édouard. Trois mois avant qu'il ne devienne Premier ministre, sa nomination n'était pas envisagée. Mais il faudrait un effondrement de Macron… », souffle un intime.

Chez les Marcheurs, ces velléités d'indépendance exaspèrent. De quel droit l'ancien locataire de Matignon défierait-il celui qui lui a tout donné ? En le nommant, Emmanuel Macron avait eu ces mots emplis de morgue : « Édouard Philippe, je connaissais sa silhouette mais pas sa voix ! »

Une chose, pourtant, intrigue les premiers de cordée de la macronie. L'ancien Premier ministre paraît hésiter, perdant de précieux mois. Chez lui, la loyauté semble l'emporter sur la soif de pouvoir et la conviction qu'il ferait mieux. Pourquoi ne profite-t-il pas de son immense popularité pour monter rapidement sa propre boutique, son mouvement politique, lui qui admire Georges Pompidou ? Le 17 janvier 1969, depuis un hôtel de Rome, l'ancien Premier ministre défiait le général de Gaulle, fragilisé par les événements de Mai 68, en faisant part de sa disponibilité pour être candidat à sa succession. Le grand homme, blessé, lui avait signifié qu'il comptait achever son mandat comme attendu en 1972. Avant de se voir contraint de quitter ses fonctions après l'échec du référendum sur la réforme du Sénat et de la régionalisation. En juin 1969, Pompidou devenait chef de l'État. Pourquoi Philippe ne marche-t-il pas sur ses pas ?

Au cours de l'été 2021, il s'échauffe et s'active dans la coulisse. Il a une conviction : même réélu, Emmanuel Macron aura du mal à constituer une majorité aussi pléthorique que celle de 2017, avec ses 314 députés LREM. Le spectre d'une cohabitation avec la droite plane. Par ses réseaux et ses relais à droite, l'ancien Premier ministre fait savoir qu'il pourrait empêcher ce scénario noir. À condition qu'Emmanuel Macron lui garantisse, lors des investitures pour les législatives, un contingent minimal d'élus philippistes. Une quarantaine, *a minima*, de façon à pouvoir former un groupe autonome à l'Assemblée nationale[4]. « C'est le *deal*. Comme ça, il commencera le prochain quinquennat avec une écurie à sa botte et il pourra entamer sa conquête pour 2027 », traduit un ministre, au fait de ces tractations estivales.

Venant de LREM comme des couloirs de l'Élysée, les petites perfidies fusent contre Philippe, dont les ambitions inquiètent : « velléitaire », « petit rentier ». « Il ne ferme jamais aucune porte. Lorsque son nom a été cité pour la mairie de Paris, il a laissé courir le bruit. Je ne crois pas une seconde qu'il contribuera à empêcher le président, non. Il est à la tête d'un petit business bien

4. Il faut un minimum de quinze députés pour constituer un groupe parlementaire à l'Assemblée nationale.

coté, mais qui ne produit pas de valeur. Édouard, c'est la bulle internet à la Bourse ! » mitraille un grognard.

Lorsqu'ils apprennent qu'il est convié au 20 heures sur France 2 pour la sortie de son livre, les macronistes pensent le cauchemar devenu réalité : et s'il défiait leur champion en direct en annonçant sa candidature ? Installés nerveusement devant leur écran en ce 4 avril 2021, ils n'en reviennent pas. Trituré sur ses ambitions par Laurent Delahousse, Édouard Philippe bafouille, terriblement mal à l'aise. « "De toute manière, je ne serai pas candidat, sauf si peut-être Emmanuel Macron ne l'était pas." Est-ce que cette phrase vous dit quelque chose ? » s'enquiert le présentateur. L'ancien Premier ministre patauge. « Je ne crois pas l'avoir dit. Je ne crois pas non, en tout cas je ne suis pas sûr de l'avoir dit publiquement. Peut-être… Je ne sais pas… » Voilà la fusée qui explose sur le pas de tir.

Dans l'entourage du chef de l'État, on exulte. Et on le compare à un autre Édouard… Balladur. « C'était un 20 heures de merde ! C'était nul, il s'est planté ! » évacue un important macroniste, stupéfait de tant d'impréparation. « Philippe, c'est Juppé, un type à qui tout a été donné. C'est pour ça qu'il n'est pas capable de prendre des gants. Macron lui attache trop d'importance, il n'existe pas. Vous le voyez se dresser contre l'ermite de la rue de Miromesnil si le président s'effondrait ? Sarkozy c'est une bête, alors que Philippe est un type qui a été dominé pendant trois ans par son directeur de cabinet », assassine un intime des Macron.

Dédicace

Seuls quelques initiés connaissent la véritable raison de cet incroyable raté : un redoutable conflit de loyauté.

Malgré l'humiliation de son départ de Matignon et les avanies de la garde de fer macroniste, Édouard Philippe conserve un profond respect pour ce jeune président qui lui a fait l'honneur de le choisir comme chef de son gouvernement. Lui qui était promis au ministère du Budget, au mieux, si Alain Juppé s'était emparé de l'Élysée. « C'est un homme d'honneur, Édouard. Le président lui a donné les clés de la France, il ne va certainement pas lui mettre un coup de fusil. C'est une question d'élégance », vante un grognard macroniste.

Le 15 juin 2021, presque un an jour pour jour après son départ de Matignon, Macron finit par faire Philippe grand officier de la Légion d'honneur. Sous les dorures de la salle des fêtes de l'Élysée, tous ses amis sont venus. Alain Juppé inclus. « Nous sommes là dans un cadre familial », entame le président dans une intervention d'une vingtaine de minutes, où il vante leur « attelage harmonieux, complémentaire, empreint d'amitié, qui a été utile aux Français ». Les agapes se poursuivent en cercle plus restreint avec un déjeuner où seuls la mère d'Édouard Philippe, Anne-Marie, son épouse et leurs trois enfants sont conviés à la table du couple Macron, dans les jardins du Palais. « C'était un déjeuner à l'initiative de Brigitte. Si étonnant que cela puisse paraître, elle n'avait jamais vu les membres de la famille d'Édouard Philippe. Elle les a trouvés hyper sympas. Elle a même offert un bouquet à la maman d'Édouard, dont c'était l'anniversaire », raconte un proche.

Au fond, tout est contenu dans la dédicace qu'Édouard Philippe a écrite au chef de l'État en lui adressant quelques semaines plus tôt son livre. Elle n'a jamais été dévoilée jusqu'ici. Nulle trace de défiance ni d'amertume dans ces quelques lignes couchées sur le duveteux papier broché, mais vingt-six mots on ne peut plus scolaires, presque banals et pour le moins révérencieux. Ils ont surpris ceux qui ont eu le privilège rare de poser les yeux dessus : « Pour Emmanuel, un président qui n'a pas fini de nous étonner. Avec toute mon affection. Ces *Impressions et lignes claires* qu'il connaît comme personne. »

Ces quelques mots ont été rédigés après le ratage de son intervention chez Laurent Delahousse, dont l'ancien Premier ministre a parfaitement conscience. Le président a eu l'élégance de ne pas les divulguer. Ils auraient, à coup sûr, torpillé toutes les supputations sur une candidature dissidente de Philippe à la présidentielle de 2022. Cette dédicace, Emmanuel Macron l'a lue. Puis il a refermé l'ouvrage, le feuilletant rapidement, sans jamais le consulter plus amplement. Il a demandé à un membre de son cabinet de lui rédiger une fiche de lecture. Le livre n'a jamais plus, depuis, quitté le bureau du conseiller.

7

Le prince de l'ambiguïté

La pièce, avec ses quatre larges fenêtres disposées de part et d'autre à l'angle sud-est de l'ancien hôtel d'Évreux, offre la vue la plus prisée sur les jardins présidentiels. Son histoire est singulière : autrefois chambre à coucher de Murat, puis de l'impératrice Eugénie, elle a servi bien plus tard d'office à Henri Guaino et Aquilino Morelle, conseillers spéciaux de Nicolas Sarkozy et François Hollande. Des caractères aussi flamboyants qu'impétueux, qui ont fini par valoir à ce salon d'angle du premier étage de l'Élysée le surnom de «bureau qui rend fou». Pas superstitieux pour un sou, Emmanuel Macron a rapidement jeté son dévolu sur cette alcôve, où il passe la plupart de ses journées, délaissant le bureau officiel qu'occupait le général de Gaulle dans le Salon doré. Un seul autre président avant lui avait choisi de s'y installer, Valéry Giscard d'Estaing. Comme lui classé au centre droit. Symbolique coïncidence.

En pénétrant dans les lieux, on est saisi par les clins d'œil à cette famille de pensée. Emmanuel Macron aurait-il changé de bord politique? Serait-il de droite? Le visiteur est frappé par le contraste entre le classicisme architectural du Palais et la modernité voulue par le nouvel occupant, digne des années Pompidou. Sous l'imposant lustre d'époque Empire, les dorures de la République côtoient un magistral tableau de Marianne aux couleurs tricolores signé Obey, représentant majeur du *street art*. Au sol, un tapis du plasticien Claude Lévêque. Surplombant la cheminée, une tapisserie de l'artiste belge Pierre Alechinsky. Et cette table de béton du designer Francesco Passaniti, sur laquelle le chef de l'État compulse chaque jour ses parafeurs. Commandée par Renaud Donnedieu de Vabres lorsqu'il était ministre de la Culture, elle avait été prêtée à Jacques Chirac pour meubler son appartement du quai Voltaire (Paris VIIe), après son départ de l'Élysée. Le bureau dormait depuis dans les réserves du Mobilier national, avant d'être repéré par Brigitte Macron lors de l'installation du couple en 2017. « Côté décoration, les Macron sont plus dans l'héritage de Pompidou, Giscard et Chirac que de Mitterrand et Hollande », observe un habitué des lieux.

Dernière touche au tableau impressionniste brossé par Emmanuel Macron dans cet antre du pouvoir suprême : une multitude de livres. « Dans tous les coins, c'est foisonnant. Il peut en lire plusieurs en même temps », dépeint le sémillant Jonathan Guémas, l'une de ses « plumes ». Une littérature éclectique, difficilement classable. « Mais si on cherche ses fondamentaux, ses quelques œuvres intangibles, il faut plutôt aller chercher du côté des auteurs classés à droite », recommande un autre conseiller. Dans ce panthéon littéraire, les sociétaires permanents du bureau présidentiel s'appellent Charles de Gaulle (dont il a toujours les *Mémoires* à portée de main, au dire de ses proches), André Malraux, Louis-Ferdinand Céline (un point commun avec Nicolas Sarkozy), René Rémond, père de la typologie des droites en France, Georges Bernanos, qu'il cite fréquemment dans ses interventions publiques, et Stendhal (de préférence période *Le Rouge et le Noir*, plutôt classé à droite, que *La Chartreuse de Parme*). Sans oublier Alexis de Tocqueville, grand défenseur des libertés individuelles, « un repère pour le président de la République », répète son entourage. Et Charles Péguy enfin, dont on relèvera la trajectoire politique, du militantisme socialiste jusqu'au compagnonnage avec la droite nationaliste.

« Casanova »

Le propos est énoncé avec tant d'aplomb qu'il est censé faire autorité. « Non, Emmanuel Macron n'est pas de droite. Il vient de la gauche, il l'a toujours dit », répond vivement Gabriel Attal le 10 juin 2019 sur RMC. Encarté au Parti socialiste pendant plus de dix ans, le jeune et ambitieux secrétaire d'État à la Jeunesse a beau s'échiner, il sait que le doute persiste sur le positionnement politique de son champion. La veille, soixante-douze maires et élus locaux, tous venant de la droite et du centre droit, ont paraphé une tribune dans *Le JDD* « pour la réussite du président de la République et du gouvernement ». Une opération de déstabilisation de l'opposition, une de plus, discrètement pilotée depuis Matignon par Édouard Philippe et ses stratèges, qui répond à un double objectif : continuer à fracturer les Républicains et, plus encore, envoyer un signal à l'électorat de droite, vers lequel le président n'a cessé de se déporter au cours de son mandat. Jusqu'à semer le trouble chez les macronistes historiques, qui cultivent non sans mal la légende d'un homme issu politiquement de la gauche : militant à la fin des années 1990 du

Mouvement des citoyens (MDC) de Jean-Pierre Chevènement, intime de Michel Rocard, encarté au Parti socialiste de 2006 à 2009 à la fédération de Paris, engagé auprès de François Hollande pour la campagne présidentielle de 2012, avant de travailler à ses côtés à l'Élysée, puis au sein du gouvernement de Manuel Valls.

S'il a fait ses premiers pas en politique à gauche, son CV d'ancien banquier d'affaires, ses prises de position sur la libéralisation de l'économie ou la réforme des retraites, tout comme le profil des personnalités recrutées dans son gouvernement, dont les principales figures sont issues de LR, autorisent néanmoins à s'interroger sur les fondements de la pensée macronienne. Qui est le véritable Emmanuel Macron dans le secret de l'isoloir ? Un sympathisant socialiste, un militant non assumé de droite ou un centriste pur sucre ? Le président revendique une filiation avec Pierre Mendès France et François Mitterrand, dont il s'est inspiré dans sa façon d'exercer le pouvoir, mais Charles de Gaulle reste sa référence dominante au fil du quinquennat. « Si vous voulez vous éviter un bon mal de crâne, le plus simple est encore de ne pas trop chercher à se poser cette question. Vous vous y perdriez ! » se gausse son ancien ministre de l'Agriculture, Didier Guillaume, ex-socialiste longtemps proche de François Hollande. « Il est inclassable. Il y a même des sujets sur lesquels il est insondable car cela touche aussi à l'intime, le sien comme celui des Français. La question de la spiritualité fait partie de ceux-là[1] », abonde Christophe Castaner. « Macron est le prince de l'ambiguïté, un séducteur. C'est Casanova. Il est à la fois écologiste et non écologiste, régalien et pas régalien, pour la culture nationale et pour la repentance. On a du mal à

1. Entretien avec les auteurs, le 19 mai 2021.

le situer[2] », conspue le député du Vaucluse Julien Aubert, classé à la droite des Républicains.

Même « galimatias », pour user d'un terme qu'il affectionne, sur son positionnement économique. Emmanuel Macron est « en même temps » libéral et partisan d'un État fort. Il fut d'un côté le promoteur de la controversée loi Macron de 2015 sur le travail le dimanche et les professions réglementées sous le mandat de François Hollande, de l'autre le chantre du « quoi qu'il en coûte » pendant la crise sanitaire, durant laquelle l'État a déversé des milliards pour maintenir l'économie à flot. « Il n'est pas social-libéral, c'est plus compliqué que cela. Il y a du colbertisme et du libéralisme chez lui. Un colbertisme qui a toujours cru à la régulation par l'État de la mondialisation et du capitalisme financier. N'oublions jamais qu'Emmanuel Macron a été haut fonctionnaire. Il est certes passé dans le privé, mais il croit en l'État et il s'intéresse à l'État[3] », tranche Joseph Zimet, son ancien conseiller en communication à l'Élysée, pour qui le président transcende les clivages partisans : « Il faut plutôt aller chercher dans son bréviaire personnel, c'est-à-dire le dépassement. » Dans son livre de campagne, *Révolution*[4], le principal intéressé se définissait comme un « homme de gauche » et un « libéral ». « Si, par libéralisme, on entend confiance en l'homme », précisait-il. « On l'a caricaturé comme un libéral favorable à la déréglementation, à la dérégulation, inattentif au rôle de l'État, traduit l'un de ses confidents. Mais la crise du Covid-19 a montré qu'il n'était pas le "président des riches". Il s'est

2. Entretien avec l'un des auteurs, avril 2021.
3. Entretien avec l'un des auteurs, le 16 avril 2020.
4. XO Éditions, 2016.

beaucoup déporté sur les points de fragilité du pays, vers les plus démunis. » Comme s'il cherchait en permanence à fuir les étiquettes, à brouiller les cartes.

Pétain et Maurras

Emmanuel Macron est un caméléon. Il change de couleur au gré de ses intérêts politiques du moment, enjambant les postures partisanes. « C'est surtout un président pragmatique, assène un vieux compagnon de route. La base électorale qui l'a fait se qualifier au second tour de la présidentielle était largement composée d'électeurs de gauche et de centre gauche. Et ils sont toujours là plusieurs années après son arrivée au pouvoir. Les sondages sont très clairs sur ce point. Sauf que pour obtenir son ticket pour le second tour de la présidentielle de 2022, puis gagner, il a compris qu'il ne pourrait pas faire sans les voix de la droite. Tout simplement parce que le pays est majoritairement de ce côté de l'échiquier politique et que la grande partie des collectivités locales et territoriales est restée dans le giron des Républicains. Il doit donc apparaître comme le seul candidat de droite aux yeux des Français. » Le danger, sinon ? « Que cet électorat estime qu'il peut y avoir meilleur que lui pour battre Marine Le Pen ou Éric Zemmour, et qu'il soit écarté du second tour à cause d'un vote utile en faveur d'un Xavier Bertrand ou d'une Valérie Pécresse. » Cynique, mais lucide.

À l'Élysée, où l'on maîtrise à merveille l'art de la godille, on a parfaitement théorisé cet objectif. Pour preuve, ces initiatives régulières destinées à flatter l'électorat de droite et à lui rappeler tout ce qui a été entrepris depuis le début du quinquennat. Comme lorsque Emmanuel Macron accorde une interview fleuve au *Figaro*, le quotidien de droite, pour défendre son bilan sécuritaire en avril 2021, à un an pile de la présidentielle. À d'autres reprises, il jure de ne pas enterrer sa grande réforme des retraites et n'écarte pas l'idée de reculer l'âge de départ pour garantir à terme l'équilibre du système, au risque de froisser son électorat issu de la gauche. Afin de rassurer sa base et sa majorité, plus modérées que lui, il agite de temps à autre un hochet. Comme lorsqu'il porte le congé de paternité de quatorze à vingt-huit jours ou annonce une «garantie jeunes», nouvelle aide de quelque 500 euros par mois pour les décrocheurs sans travail ni formation ou en emploi précaire, au risque d'être accusé à droite de sombrer dans l'assistanat. Un «RSA jeunes», épingle l'opposition. Baptisée «revenu d'engagement», cette mesure sociale était réclamée par l'aile gauche de la macronie. Le président a dit oui, malgré les réticences de son ministre de l'Économie Bruno Le Maire, ex-LR, qui regrette un «énorme geste fait à la gauche». «Un puits sans fond», s'inquiète même le locataire de Bercy.

Mais c'est dans une interview confession accordée à *L'Express* à la veille de Noël 2020 qu'Emmanuel Macron va le plus loin dans les signaux adressés à la droite. Questionné sur les doutes et les tensions qui agitent les Français, il évoque incidemment le maréchal Pétain et Charles Maurras, célèbre la nation et le patriotisme et relance le concept d'identité nationale. «Je combats toutes les idées antisémites de Maurras, mais je trouve absurde de dire que Maurras ne doit plus exister», brandit-il, avant de rendre hommage à Nicolas Sarkozy : «Au fond, son intuition il y a dix ans était bonne, même s'il me semble que la formule d'"identité nationale" était sujette à trop de polémiques.» À gauche, on s'offusque. «Virage populiste et dangereusement droitier», répond le sociologue Michel Wieviorka dans le même hebdomadaire. Au Château, on assume. «Parler de Maurras et Pétain, c'est une manière de montrer qu'on regarde l'Histoire en face. Il sait le choc que cela peut produire dans l'opinion. Mais s'il avait cité Colbert, son message aurait été moins lisible. Là, il fait de la pédagogie par le choc», défendent ses conseillers, en soulignant avec délice que l'entretien «a fait exploser les ventes et le nombre d'abonnés en ligne de *L'Express*».

À l'instar de Nicolas Sarkozy, qui avait théorisé le fait d'être une «cible mouvante» pendant sa campagne présidentielle de 2012, enchaînant les propositions détonantes pour désarçonner ses adversaires, Emmanuel Macron aime être là où on ne l'attend pas. «Il considère la politique comme une guerre de mouvement. Il veut être dans la surprise, le contre-pied permanent, y compris sur les réformes[5]», explique le désormais porte-parole du gouvernement, Gabriel Attal.

Autour du président, chacun sait que les élections nationales de 2022 se joueront à droite toute. «Il y a une droitisation de la société française, comme dans beaucoup de sociétés dans le monde en proie au populisme, à l'instar du phénomène Trump aux États-Unis. Un président, à mes yeux, ne peut être élu qu'en prenant en compte les raisons de ce phénomène et en y apportant des réponses républicaines», analyse Jean-Michel Blanquer, lui-même régulièrement étiqueté, à tort, comme ancien sarkozyste. «Je ne dis pas qu'Emmanuel Macron doit être le candidat de la droite, car les fondamentaux de sa campagne

5. Entretien avec l'un des auteurs, le 16 avril 2021.

de 2017 restent valables. Mais avec l'expérience du pouvoir et tout ce qui s'est passé depuis, son potentiel électoral aujourd'hui se réalisera en étant le candidat de l'ordre et du progrès[6]. » En clair, en mettant la barre à droite.

Stratège de la campagne de 2017 et ancienne « plume » de l'Élysée, Sylvain Fort constate que « la gauche avait pendant longtemps des positions très fermes sur la sécurité et les questions régaliennes, avant de les délaisser progressivement à partir des années Jospin. Puis il s'est trouvé un homme suffisamment malin pour ramasser ces reniements successifs et les cranter à droite : Nicolas Sarkozy. Quand Emmanuel Macron en parle aujourd'hui, on dit qu'il est de droite. Mais il ne fait que reprendre au sarkozysme, et à la droite en général, ce que le sarkozysme a enlevé à la gauche[7] ».

Un ministre de premier plan résume l'affaire plus crûment : « D'un point de vue strictement électoral, si on croit que c'est en jouant les belles âmes de gauche qui ne voient pas les problèmes qu'on peut accéder à l'Élysée, on se met le doigt dans l'œil jusqu'à l'omoplate ! Nicolas Sarkozy l'a compris depuis très longtemps. »

Totems et tabous

Il est un sujet cher au cœur de la droite, pourtant, sur lequel le président navigue à grand-peine : les questions régaliennes.

Il aura fallu des mois pour qu'il consente à s'emparer des atteintes à la laïcité, lors d'un discours aux Mureaux

6. Entretien avec les auteurs, le 13 mars 2021.
7. Entretien avec l'un des auteurs, le 9 septembre 2021.

(Yvelines), pudiquement baptisé « lutte contre les séparatismes », néologisme macroniste. Sur le papier, le texte est de nature à rassurer la frange de l'électorat qui attendait qu'il clarifie sa ligne sur le combat contre l'islam radical. « Coup de barre à droite », « tournant sécuritaire », « Macron à droite toute », « offensive régalienne », relaient les médias. Il n'était que temps : deux semaines plus tard, Samuel Paty, professeur d'histoire-géographie d'un collège de Conflans-Sainte-Honorine (Yvelines), est victime d'une attaque terroriste, sauvagement décapité par un réfugié russe d'origine tchétchène. La faute supposée de l'enseignant : avoir montré des caricatures de Mahomet publiées par *Charlie Hebdo* lors d'un cours d'éducation civique consacré à la liberté d'expression, déclenchant l'ire d'un parent d'élève.

Emmanuel Macron eût-il attendu un mois de plus pour prononcer son discours sur la laïcité que l'opposition se serait déchaînée en l'accusant d'avoir la « main qui tremble » et de pencher dangereusement vers un « communautarisme à l'anglo-saxonne », dont elle persiste à le suspecter.

Sa relation aux forces de l'ordre est tout aussi ambivalente. Emmanuel Macron est à la fois le président accusé d'avoir laissé sa police éborgner des Gilets jaunes à coups de LBD (*NdA* : lanceurs de balles de défense) au nom du retour à l'ordre républicain, et celui qui aura vu les policiers poser les menottes à terre. Et ce en signe de défiance envers un pouvoir jugé trop complaisant face aux manifestations de jeunes sur les violences policières qui ont suivi la mort de George Floyd, Afro-Américain de quarante-six ans, lors d'une interpellation brutale aux États-Unis. Christophe Castaner l'a payé de son poste, contraint de quitter le ministère de l'Intérieur à l'été

2020, lâché par des effectifs de terrain désarçonnés par les valses-hésitations de l'exécutif. Il est prestement remplacé au fauteuil de «premier flic de France» par une forte tête censée réparer les dégâts : le sarkozyste Gérald Darmanin qui, dès son entrée en fonction, applique la recette de son mentor en se faisant omniprésent sur le terrain. À l'automne 2020, il adresse un premier signe de fermeté en promouvant à l'Assemblée nationale une proposition de loi sur la sécurité globale, soutenue par LREM, qui prévoit un renforcement des prérogatives des polices municipales.

La fin des atermoiements? Emmanuel Macron se serait-il enfin converti à la doxa sécuritaire? Les Républicains mangent leur chapeau. Las, quelques jours plus tard, le 4 décembre 2020, le président «rechute» dans une interview au média en ligne *Brut*. Le week-end précédent, des heurts entre forces de l'ordre et manifestants ont émaillé des rassemblements contre le texte sur la sécurité globale. Les images accablantes du producteur de musique Michel Zecler, tabassé à l'entrée de son studio par quatre agents de police qui l'ont interpellé, officiellement pour défaut de port du masque, font le tour des journaux télévisés. Emmanuel Macron reconnaît pour la première fois l'existence de «violences policières» et en appelle à des «sanctions». C'en est trop pour les syndicats de police, qui dénoncent un lâchage en règle. La photo du président posant, quelques mois plus tôt, avec un tee-shirt dénonçant les tirs de LBD en marge du festival international de la bande dessinée à Angoulême (Charente) les hantent encore. À Matignon et parmi les ministres de droite, on se désespère. «Quand je vois l'interview à *Brut* et la façon dont il parle des violences policières, les bras m'en tombent, souffle un lieutenant d'Édouard Philippe. Il coche toutes les cases qu'il ne faut pas cocher s'il veut gagner l'élection présidentielle en 2022. Sois tu es de droite, soit tu es de gauche, soit tu es "en même temps". Mais si tu es "en même temps", tu es un peu nulle part et, en tout cas, tu n'es pas de droite. »

Rue de Vaugirard (Paris XVe), au siège des Républicains, on a vite compris qu'on tenait là un angle d'attaque. Les élus de droite s'en donnent à cœur joie contre un président incapable à leurs yeux d'endiguer la flambée de violences. Des faits divers glaçants envahissent les couvertures des journaux : des jeunes tabassés et filmés en pleine rue, un père lynché dans une laverie automatique, un conducteur de bus roué de coups. Sans parler des nombreux samedis de défilé des Gilets jaunes. L'ultraviolence s'installe dans le quotidien des Français. Aspirant à l'Élysée, le président de la région des Hauts-de-France, Xavier Bertrand, évoque une « France Orange mécanique ». « Macron peut avoir quinze Gérald Darmanin dans son gouvernement, ce que regardent les gens c'est ce que fait le président. Or, sur le régalien, les questions d'identité, de sécurité, de communautarisme et de patriotisme, il n'y a pas un Français qui pense que Macron est le mec très burné et très de droite », charge le député Guillaume Peltier, ex-numéro deux des Républicains[8].

Quand bien même le président revendique un bilan : 10 000 créations de postes supplémentaires de policiers et de gendarmes depuis 2017 – contrairement à Nicolas Sarkozy, qui en avait supprimé avec la règle du non-remplacement d'un fonctionnaire sur deux partant à la retraite –, un renouvellement du parc automobile des forces de l'ordre, une importante augmentation du

8. Entretien avec les auteurs, le 30 mars 2021.

budget de la police et de la gendarmerie. Mi-septembre 2021, devant un parterre de quatre cents policiers et gendarmes rassemblés à l'école de police de Roubaix (Nord), Emmanuel Macron va plus loin en s'engageant avec des accents sarkozystes à mettre «plus de bleu» sur le terrain et à doubler la présence sécuritaire dans la rue à l'horizon 2030. Le plan est ambitieux, inédit à bien des égards. Rien n'y fait, ses adversaires lui tombent dessus. «Macron candidat essaie de faire oublier Macron président. Il promet le contraire de tout ce qu'il n'a pas fait pendant cinq ans», éreinte Valérie Pécresse, candidate déclarée à sa succession, tandis que la gauche lui reproche de se réveiller tard. «Même quand il nomme un très bon ministre de l'Intérieur comme Gérald Darmanin, il choisit à côté Éric Dupond-Moretti qui ne veut personne en prison. On ne conduit pas une politique de sécurité avec un pied sur le frein et un pied sur l'accélérateur», tance Frédéric Péchenard, ancien patron de la police nationale, devenu élu LR[9]. Rue de Miromesnil, l'avis de Nicolas Sarkozy est encore plus tranché. «Sur le régalien, il n'arrive pas à sortir du "en même temps". Un petit coup de barre à droite, un petit coup de barre à gauche pour contenter tout le monde, ça ne peut pas marcher», cingle l'ancien leader de la droite.

Les rétropédalages sur les questions d'immigration en sont une autre illustration. Mi-août 2021, lors d'une allocution consacrée à la prise de Kaboul par les talibans, à la suite du retrait des troupes américaines, Emmanuel Macron se met la gauche à dos en appelant l'Europe à se «protéger contre les flux migratoires irréguliers

9. Entretien avec les auteurs, le 9 novembre 2020.

importants», au moment où des milliers d'Afghans fuient leur pays. La droite et le Rassemblement national, qui associent immigration et péril sécuritaire, n'auraient pas dit mieux. Quelques jours plus tard, il nuance son propos : «Je pense qu'il ne faut pas confondre les risques terroristes et la dangerosité et le phénomène des migrations.» Voilà le président de nouveau pris en flagrant délit de tergiversations.

L'actualité aussi le rappelle parfois à ses promesses. Après le meurtre du père Olivier Maire durant l'été 2021 en Vendée, tué par un ressortissant rwandais en situation irrégulière et sous le coup d'une obligation de quitter le territoire français (OQTF) non exécutée, Marine Le Pen s'engouffre dans la brèche et relance le débat sur les expulsions. Deux ans plus tôt, dans l'hebdomadaire *Valeurs actuelles*, le président ne s'était-il pas engagé sur la promesse ambitieuse de procéder à 100 % des OQTF d'ici à la fin de son mandat ? Courant 2020, le chiffre atteignait péniblement 20 %, selon les données non consolidées du ministère de l'Intérieur. En petit comité, Emmanuel Macron reconnaît se heurter à la lenteur des procédures. «Sur l'immigration, on a fait des choses, mais on n'a pas réussi à incarner», concède-t-il franchement. «S'il n'est pas dans quelque chose de plus franc, il risque de perdre sur tous les tableaux. Ça sera même son tombeau», alerte en privé Nicolas Sarkozy.

Il arrive au président de se contredire dans la même journée. Fin juillet 2017, au tout début de son mandat, il se rend à la préfecture d'Orléans pour une cérémonie de naturalisations. Quelques jours plus tôt, son Premier ministre Édouard Philippe a présenté un plan sur le droit d'asile et les flux migratoires très axé sur les reconduites aux frontières, sans aborder le volet humanitaire de la gestion des réfugiés. Micros ouverts, Emmanuel Macron se fait plus enveloppant et rassurant. Devant les trente-sept nouveaux Français qui viennent de recevoir leur décret d'intégration, il profite de la présence des caméras pour annoncer qu'il veut voir surgir partout en France des structures d'accueil d'urgence pour les réfugiés primo-arrivants. La gauche applaudit.

En marge de la cérémonie, *off the record*, le son de cloche présidentiel est tout autre. « Là, on parle de naturalisations. L'immigration, c'est un autre problème. Moi, je ne peux accueillir personne ! Vous m'entendez ? Aujourd'hui, je n'ai pas un migrant légal qui arrive sur le sol français. Allez à Menton, à Vintimille, vous verrez ! Ce ne sont que des migrants économiques. Mais je ne peux pas en accueillir un seul », plante-t-il devant une poignée de journalistes sommés de garder le propos au secret. Aux antipodes de ce qu'il déclarait six mois plus tôt, en janvier 2017, lors d'une visite en Allemagne. Encore candidat à la présidentielle, il avait salué la décision de la chancelière Angela Merkel d'ouvrir ses frontières pour accueillir près de 900 000 réfugiés en 2015, considérant qu'elle avait « sauvé » la « dignité collective » de l'Europe.

« En même temps » un jour, « en même temps » toujours. En petit comité, Gérald Darmanin, fin observateur, a cette formule ciselée sur l'ambiguïté permanente du chef de l'État, définitivement inclassable sur l'échiquier politique : « Il ne veut pas choisir entre la droite et la gauche. Comme un homme qui ne voudrait pas choisir entre deux femmes. »

8

Liaisons dangereuses

Tout l'été, en cette veille de présidentielle, de sombres affiches ont fleuri sur les murs de France. Un placardage sauvage appelant à une candidature insolite, soutenue par une mystérieuse « Génération Z ». Un Z qui veut dire Zemmour. L'Élysée a toujours prophétisé qu'une figure populiste issue de la société civile pouvait sortir du bois. Les noms de l'humoriste Jean-Marie Bigard, de l'animateur Cyril Hanouna ou du professeur Didier Raoult avaient circulé dans les couloirs du pouvoir, sans que nul n'y accorde grand crédit. Cette fois, c'est autre chose. En cette rentrée 2021 où les indicateurs économiques repartent à la hausse et où la crise sanitaire semble en passe d'être maîtrisée, le sujet affole la classe politique. La droite et le Rassemblement national s'inquiètent de voir le polémiste marcher sans vergogne sur leurs plates-bandes. Le sujet tarabuste aussi le président.

Rue du Faubourg-Saint-Honoré, on surveille la sortie imminente de son nouveau livre, *La France n'a pas dit son dernier mot*[1], où la star de CNews plaide pour une « reconquête » et appelle à « sauver son pays », promettant au

1. Rubempré, 2021.

passage de savoureuses révélations. « Il va nous dessouder », se tourmentent des conseillers de l'exécutif. Quelques jours plus tôt, pour sa rentrée médiatique à Mirabeau (Vaucluse), Éric Zemmour a donné le ton de ce que pourrait être sa campagne : haro sur Emmanuel Macron. « L'enjeu de la présidentielle, c'est : "Quelle civilisation ?" Elle ne sera pas française si Macron est réélu », charge-t-il, avant de l'accuser, caustique, de faire son stage de première année d'ENA à l'Élysée. Une semaine avant la publication de l'ouvrage, *Le Figaro Magazine* publie plusieurs extraits aux allures de supplice pour le Palais. « Longtemps, j'ai pensé que Macron était un Sarkozy en moins vulgaire ; pour la première fois, je comprends qu'il n'est qu'un Hollande en mieux vêtu », égratigne l'ancien journaliste, réputé pour ses saillies assassines.

Ce n'est pas faute pour le président d'avoir plusieurs fois tenté quelques œillades appuyées en direction des représentants de la droite dite « hors les murs », identitaire et souverainiste, dont Zemmour convoite les faveurs. Dans un but assumé : la « triangulation », technique politique qui consiste à investir le terrain de l'adversaire pour capter une partie de ses électeurs. Mais n'est pas Machiavel qui veut.

La revanche du Puyfolais

Chantre de la « disruption », amoureux de la transgression, Emmanuel Macron affectionne les personnages interlopes qui transpirent le soufre. Tout avait merveilleusement bien commencé avec Philippe de Villiers, que les Macron croisent un soir de l'année 2016, attablé à La Rotonde, leur restaurant fétiche du quartier

Montparnasse (Paris XIVe). Le Vendéen y a ses habitudes et retrouve régulièrement ses amis Patrick Buisson, ancien « gourou » de Nicolas Sarkozy, et Éric Zemmour. Ensemble, les trois hommes phosphorent sur la fusion des droites et rêvent d'un président partageant leurs desseins. Ce soir de 2016, les Macron confient à Villiers leur désir de venir découvrir son parc à thème historique du Puy du Fou, grande œuvre de sa vie. Le souverainiste n'ose y croire. Ce serait la première fois qu'un ministre d'un gouvernement de gauche s'inviterait sur le site depuis sa création en 1978. Ses positions ultraconservatrices et sa proximité avec Marion Maréchal et le professeur Jérôme Olivier, opposant notoire à l'interruption volontaire de grossesse, sont jugées trop sulfureuses. Pas pour l'ambitieux Macron, qui songe déjà à l'Élysée et a besoin de casser son image de ministre socialiste pour envoyer une carte postale aux électeurs de droite. Quelques semaines plus tôt, il leur a adressé un premier signe en participant aux fêtes organisées le 8 mai en l'honneur de Jeanne d'Arc, à Orléans, ode à la « France éternelle ».

Fin août 2016, les Macron sont bien au rendez-vous du Puyfolais, qui n'en revient pas. Dans le parc d'attractions, ils sont comme chez eux : combat de gladiateurs, tour de char dans l'arène gallo-romaine sous l'objectif des caméras opportunément convoquées, spectacle historique de la Cinéscénie pour clore la journée, avant un dîner où les deux hommes font assaut d'amabilités. « Le Puy du Fou est un haut lieu de mémoire vivante de l'histoire de France, sur les plans culturel et civilisationnel », flatte l'audacieux ministre devant les journalistes. Avant de livrer ce *coming out* retentissant : « L'honnêteté m'oblige à vous dire que je ne suis pas socialiste ! » Philippe de Villiers, soufflé de tant d'audace, est conquis.

« Je ne l'oublierai jamais. Leurs prédécesseurs allaient promener leurs fiancées et leurs Ray-Ban à Disneyland. Les Macron, eux, ont choisi la "France de l'intime" », écrit-il deux ans plus tard[2].

Les mois qui suivent la victoire du jeune candidat à l'Élysée sont une lune de miel qui n'en finit pas. Les deux hommes s'appellent, souvent. Le Vendéen fait parvenir des notes au président et lui prodigue ses recommandations, plaidant avec succès pour l'interruption du projet d'aéroport de Notre-Dame-des-Landes (Loire-Atlantique). Lorsque le petit poucet des Herbiers (Vendée) affronte en finale de la Coupe de France le géant du PSG, Emmanuel Macron invite Villiers dans la tribune présidentielle au Stade de France. Les deux complices étalent leur amitié souriante, au nez et à la barbe des autres personnalités politiques conviées, dont Nicolas Sarkozy.

L'idylle s'interrompt brutalement au soir de la fête de la Musique du 21 juin 2018, quand le souverainiste découvre, atterré, les images des Macron accueillant sur le perron du Palais des *drag queens* en hauts résille et un DJ au tee-shirt floqué d'un « fils d'immigrés, noir et pédé ». « Macron a déshonoré la fonction. Ce qui est brisé, c'est l'incarnation. Il a perdu 80 % de son autorité. Les photos, ça reste », tonne Philippe de Villiers. Plus rien ne sera comme avant ; le Vendéen saura se venger de cet affront. « Méfie-toi de lui. La foudre n'est jamais très loin », ont alerté les proches du président, au premier rang desquels l'ex-socialiste Christophe Castaner. La foudre finit par s'abattre. À l'aube de l'été 2020, tandis que la France se déconfine, Villiers part en croisade contre les délais imposés par le gouvernement aux parcs

2. *Les Gaulois réfractaires demandent des comptes au Nouveau Monde*, Fayard, 2020.

d'attractions pour rouvrir leurs portes au public. Matignon freine, quand l'Élysée demande d'accélérer. Dans la coulisse, Villiers multiplie les coups de fil, jouant de ses relations haut placées pour faire pression sur le Premier ministre Édouard Philippe. En vain. Invité sur BFM TV, il dégoupille une grenade en révélant publiquement un propos que lui a confié le président sur son chef du gouvernement : « Édouard Philippe gère son risque pénal. » En clair : face à la crise sanitaire, le Premier ministre agirait uniquement dans le souci de ne pas être traduit un jour en justice, et non dans l'intérêt des Français. À Matignon, on encaisse péniblement le choc de cette vilenie. À l'Élysée, on blêmit : Philippe de Villiers, l'ami déçu, devient incontrôlable.

Si cette belle entente s'est si vite dégradée, c'est qu'elle reposait sur un malentendu. « Une manipulation », tranche même Philippe de Villiers, avec l'amère impression d'avoir été dupé. Il assure s'en être rendu compte lors d'un dîner en mars 2019 avec les Macron à l'Élysée, autour d'un plateau de fruits de mer. Ce soir-là, il s'inquiète de la ligne politique du président, comme il le rapporte dans son livre *Le Jour d'après*[3]. « Emmanuel, si vous me permettez, vous êtes le Charles Martel du pauvre, qui part avec une épée en carbone bénir la mosquée de Poitiers [...]. Vous êtes houellebecquisé jusqu'à l'os », attaque l'invité. Il reproche au chef de l'État de réformer trop vite, d'ouvrir trop de chantiers à la fois, au risque de donner le tournis aux Français. « Il ne faut pas déstabiliser la société, vous tirez trop fort sur les ancres. » Un point de vue soutenu à table, assure l'auteur, par Brigitte Macron, inquiète que le pays ne se fracture.

3. Albin Michel, 2021.

Elle penche notoirement plus à droite que son époux. « Personne ne sait pour qui je vote, pas même Emmanuel. L'isoloir, c'est l'isoloir. Dans ma famille, on ne parlait jamais de politique. Ni avec mes parents, ni avec mes frères et sœurs », élude régulièrement la première dame, issue d'une famille bourgeoise et catholique d'Amiens. Chez les Trogneux, on affiche une préférence pour la droite modérée, tendance gaulliste, et on a soutenu l'UDF avec Gilles de Robien aux municipales de 1989 dans la capitale de la Picardie. Les intimes de la First Lady et ceux qui l'ont côtoyée à l'époque où elle était enseignante dans des établissements privés sous contrat – la Providence à Amiens et Saint-Louis-de-Gonzague à Paris –, lui prêtent des penchants libéraux sur les questions économiques et sociétales, mais franchement conservateurs sur les thématiques religieuses et migratoires. « Le voile, ce n'est vraiment pas sa came, elle n'aime pas ça ! » confesse l'un de ses amis. Brigitte Macron, qui pèse chacun de ses mots, se garde d'en faire étalage, soucieuse de ne pas gêner politiquement son mari. En juillet 2017, après un premier dîner organisé avec le couple présidentiel, Nicolas Sarkozy avait cru bon d'éventer cette savoureuse confidence : « Elle m'a dit avoir toujours voté pour moi ! » L'Élysée, omerta oblige, avait prestement démenti.

« J'ai compris, ce soir-là, le fameux "et en même temps", achève Philippe de Villiers à propos de son dîner de mars 2019 avec le couple élyséen. En fait, c'est elle et lui. Elle est à tribord, plutôt classique, un brin conservatrice. Elle penche à droite. Lui est un éclectique, un parieur de l'instant, il vient du numérique. Il penche à gauche. »

Exit la triangulation pour Emmanuel Macron ? Malgré son revers avec Philippe de Villiers, avec qui les relations se sont considérablement dégradées, le président poursuit ses coups de sonde au sein de la droite « hors les murs ».

« Zemmour, je l'aime bien »

Le 3 mai 2020, une information exclusive tombe sur le site internet de *Valeurs actuelles*, magazine autoproclamé de la « droite qui s'assume ». « Éric Zemmour a reçu un appel du président de la République ce vendredi, vers 20 heures, en guise de soutien, après la diffusion d'une vidéo montrant l'agression du chroniqueur du *Figaro*. Éric Zemmour et Emmanuel Macron se sont entretenus très longuement au téléphone », fait savoir l'hebdomadaire. Stupeur dans les rédactions et la classe politique. Quelques jours plus tôt, la vidéo d'un individu poursuivant et insultant l'éditorialiste dans les rues de Paris fait le tour du Web. Le président, qui la visionne, est heurté par la violence symbolique de la scène. Il veut le faire savoir à Zemmour, dont il finit par se procurer le numéro de portable. Un échange de quarante-cinq minutes s'ensuit, pour lui témoigner son soutien, et échanger sur le terrain des idées.

La nouvelle éventée, les macronistes de gauche sont effondrés. Comment leur chef a-t-il pu s'encanailler avec celui qu'ils considèrent, au même titre que Marine Le Pen, comme le diable incarné du fait de ses positions radicales sur l'islam, l'immigration et les relations hommes-femmes ? Un infréquentable ! L'Élysée s'agace. « Tout le monde parle de cet appel et le commente, comme s'il fallait y voir un signe de complaisance ! Quand le président appelle Omar Sy pour lui parler de sa pétition sur les violences policières, ou le réalisateur

Ladj Ly[4], ça n'a pas du tout le même écho », se désole un conseiller, qui assure que, « dans les appels du président, il y a autant de gens de gauche que de droite ».

C'est pourtant bien depuis le palais présidentiel que la fuite à *Valeurs actuelles* a été orchestrée, non sans arrière-pensées. « Ça nous arrangeait que ça sorte. Et *V.A.* était un bon canal pour cela », admet sous couvert d'anonymat un confident du chef de l'État. Une manière discrète d'envoyer une caresse à cette partie de la droite séduite par les postures tranchées du polémiste. Mais un pari risqué sur le long terme.

Le 15 septembre 2021, quand le livre d'Éric Zemmour paraît enfin, c'est la douche froide. L'essayiste narre par le menu sa longue conversation téléphonique avec le président. Pis, il rapporte qu'Emmanuel Macron – réputé pour son sens de la séduction – lui aurait demandé une note concernant un plan sur l'immigration auquel il a réfléchi. Info ou intox ? « Pas de commentaire », esquive prudemment le Palais.

Un an plus tôt, un autre clin d'œil aurait pu avoir un écho plus retentissant. La scène se joue en octobre 2019 dans l'Airbus A330 présidentiel, au cours du vol retour d'un déplacement à la Réunion et Mayotte. Emmanuel Macron a convié à son bord le journaliste de *Valeurs actuelles* Louis de Raguenel. Une entrevue négociée quelques jours auparavant entre le directeur de la rédaction du magazine, Geoffroy Lejeune, et le responsable de la presse élyséenne de l'époque, Joseph Zimet. Le président a donné son accord, malgré les réticences de

4. Diffusé en novembre 2019, son film *Les Misérables* est primé au festival de Cannes, césarisé en 2020 et nominé aux oscars. Il raconte le quotidien d'un policier de la BAC dans la cité sensible de Montfermeil (Seine-Saint-Denis).

quelques collaborateurs. Cinquante minutes d'entretien sur les sujets régaliens dont l'hebdomadaire fait son miel : droit du sol, immigration, islam, communautarisme, port du voile bien sûr. Le président n'élude aucune question et ne boude pas son plaisir à l'idée de marcher sur les mocassins de ses adversaires à droite. Ses confidences surviennent dans un contexte sensible, alors que la mosquée de Bayonne a été victime d'une attaque islamophobe.

L'avion à peine posé sur le tarmac, le journaliste contacte son patron, qui flaire vite le « coup ». D'autant que, dans la conversation, Emmanuel Macron a glissé une phrase qui pourrait faire grand bruit. « Zemmour, je l'aime bien, il est intelligent. Il a son public », confesse-t-il entre deux gorgées de jus de tomate, précisant tout de même qu'il juge ses propos « mortifères ». Jamais le chef de l'État ne s'était épanché à ce point sur sa relation avec le chroniqueur du *Figaro* aux positions si sulfureuses.

Raguenel et Lejeune conviennent de consacrer la une du magazine à l'entretien présidentiel. À la veille de la publication, le cabinet élyséen est pris d'une inquiétude. Et si le président avait trop parlé ? Comme il est souvent d'usage dans la relation entre la presse écrite et les responsables politiques, une relecture de courtoisie des citations est demandée pour s'assurer qu'une bombe ne se dissimule pas dans le propos du chef de l'État. « Ils nous avaient donné un truc énorme avec cette interview, donc, sur le principe, j'ai dit : "Pas de souci" », raconte Geoffroy Lejeune[5]. Quelques modifications sont apportées, à la marge. Une autre, plus sensible, est exigée. « La phrase sur Zemmour, faites-nous le plaisir de la retirer. Tout le monde va tourner dessus alors que ce n'est pas

5. Entretien avec l'un des auteurs, le 21 août 2021.

le sujet », sollicite le premier cercle présidentiel. Le patron de *Valeurs* ne s'y oppose pas : « Ce n'était pas l'objet de l'interview. Et on savait qu'on avait par ailleurs assez de matière pour faire le buzz. » À l'Élysée, on assume ce discret caviardage : « Trianguler un peu, c'est une chose. Laisser croire qu'il y aurait des ponts avec cette droite-là, alors que le président a des différences majeures avec Éric Zemmour, c'était risquer d'aller trop loin. On aurait traîné ça comme un boulet jusqu'à la fin du mandat. »

Rue de Miromesnil, l'ancien président partage le point de vue de son prédécesseur sur le polémiste, qui n'est selon lui que le symptôme des défaillances de la droite. À ses yeux, il convient de ne surtout pas le victimiser, pour ne pas le faire progresser. « Il ne faut pas le diaboliser, énonce Nicolas Sarkozy en privé. Ce n'est pas comme cela qu'on le combat. Il occupe une place que nous n'occupons pas. »

Devant les siens, Emmanuel Macron s'agace des pudeurs de gazelle de certains de ses proches et ministres qui préfèrent se pincer le nez que d'aller se frotter à l'adversaire. « On ne doit jamais craindre le dialogue et préférer le confort de l'entre-soi, on doit pouvoir parler de tout et avec tous », martèle-t-il.

En l'espèce, il peut compter sur son conseiller mémoire Bruno Roger-Petit, dont *Le Monde* a révélé l'audacieux déjeuner d'octobre 2020 dans le salon d'un restaurant du quartier de Montparnasse avec Marion Maréchal, petite-fille de Jean-Marie Le Pen. Le conseiller assume. « On m'a proposé de la voir à une époque où elle était pressentie pour devenir chroniqueuse politique sur LCI ou CNews. Ça m'intéressait de savoir ce qu'elle avait à dire, car je constate qu'à chaque fois qu'elle parle, il y a une effervescence. Ce qui n'empêche pas les désaccords. D'ailleurs, nous en sommes restés là. Il n'y a pas eu d'autres contacts par la suite », précise « BRP »[6]. Une initiative personnelle dont Emmanuel Macron n'aurait pas été prévenu en amont, mais qu'il n'aurait pas désapprouvée. « On ne s'est pas cachés. C'était au restaurant Le Dôme. Le patron nous a placés à un endroit pour être tranquilles, c'est tout. Je considère, à titre personnel, que sortir le crucifix dès lors qu'il s'agit du RN antagonise les électeurs et les ancre dans la diabolisation. »

Gentlemen's agreement

Pour mieux comprendre et contrer la rhétorique de l'adversaire, il est un autre terrain que le président n'entend pas délaisser : les médias.

« Qu'est-ce qui lui a pris ? » Quand il découvre sur son smartphone l'interview que l'eurodéputé LREM Stéphane Séjourné a accordée au quotidien *L'Opinion*[7], Emmanuel Macron soupire. « Certains programmes de CNews participent à l'abaissement du débat politique », charge frontalement son ancien conseiller, issu des rangs strauss-kahniens au PS, en appelant à revoir l'arsenal législatif qui régit les temps de parole dans l'audiovisuel. Dans sa ligne de mire, les éditorialistes les plus engagés, Pascal Praud et Éric Zemmour, qui tous les jours boostent les courbes d'audience de la chaîne info détenue par l'homme d'affaires Vincent Bolloré. Avec eux, les prises de parole sont radicales et controversées. Le matin, chez Pascal Praud, l'esprit franchouillard et « popu » est clairement assumé, la gauche et les Verts

6. Entretien avec les auteurs, le 27 mai 2021.
7. Entretien à *L'Opinion*, le 2 juin 2021.

souvent égratignés. Le soir, chez Éric Zemmour, l'immigration, l'islam, l'insécurité et la perte d'identité affolent l'audimat[8]. Alors Stéphane Séjourné attaque, omettant d'en aviser le Palais. « On comprend l'intention mais franchement, ce n'était pas très malin. C'était une connerie de sa part », rectifie le lendemain, *off the record*, un conseiller d'Emmanuel Macron.

Mécontent, le chef de l'État lui fait passer le message directement, au téléphone, désapprouvant l'attaque contre CNews. « Je suis le président de tous les Français, pas seulement de mon camp. On n'est jamais à l'abri de convaincre les gens de changer d'avis », rappelle-t-il souvent. S'il veut être réélu, il sait qu'il aura besoin de s'adresser aussi à la frange conservatrice de la population, qui se retrouve dans la ligne éditoriale de la chaîne du groupe Vivendi. Aussi les ministres qui la boycottaient font-ils leur retour sur les plateaux, de Bruno Le Maire à Jean-Michel Blanquer, en passant par Gabriel Attal ou Élisabeth Borne. Une commande passée au plus haut sommet du pouvoir. « Il faut coloniser le terrain de l'adversaire, car les absents ont toujours tort », enjoint Emmanuel Macron à ses troupes en ces heures de pré-campagne. « Si vous voulez convaincre, il faut aller là où sont les citoyens. Là où ils lisent, écoutent ou regardent. Si vous vous dites : "Je ne vais pas sur CNews parce que ce sont des fachos", c'est comme si vous disiez à ceux qui regardent qu'ils sont des fachos. C'est méprisant. Or, il ne faut jamais mépriser les gens dont vous souhaitez obtenir le vote », argumente un parlementaire qui a ses entrées sur la chaîne d'info en continu.

8. En septembre 2021, CNews a mis fin à sa collaboration avec Éric Zemmour après que le Conseil supérieur de l'audiovisuel (CSA) a exigé que son temps de parole soit décompté.

D'autant que CNews est en passe de détrôner, avec ses débats tranchés et décomplexés, le leader jusqu'à présent incontesté, BFM TV. « Le président considère qu'il n'y a pas de média interdit. Pourquoi n'irait-on pas là où il y a de l'audience ? On gagne toujours à ne pas capituler[9] », plaide Clément Léonarduzzi, le directeur de la communication de l'Élysée.

Les attentions du Palais ne sont pas moindres envers *Valeurs actuelles*, dont un exemplaire est envoyé chaque semaine à l'Élysée. Entre Emmanuel Macron et l'équipe de trublions dirigée par Geoffroy Lejeune, on se respecte. Le directeur de la rédaction concède avoir de bonnes relations avec la présidence depuis qu'Emmanuel Macron a été élu. « Nous sommes des opposants idéologiques, nous ne sommes pas d'accord avec ce qu'il fait, notamment sur les sujets régaliens et d'immigration, mais j'admets que nous sommes plutôt bien traités. Contrairement à l'époque de François Hollande, durant laquelle les entrées étaient totalement fermées », explique-t-il, confiant avec malice ce compliment que le chef de l'État aurait glissé un jour : « C'est un très bon journal, il faut le lire pour comprendre ce que pense la droite. »

Depuis 2017, plusieurs membres du gouvernement ont accordé des interviews à *Valeurs actuelles*, comme Marlène Schiappa ou Gérald Darmanin. Geoffroy Lejeune est un vieux complice de Bruno Roger-Petit, cela aide. Avec l'ancien journaliste de *Challenges*, ils se sont connus sur les plateaux télévisés et plus quittés depuis. Ils ont en commun un autre vieil ami : Sylvain Fort, ancienne « plume » d'Emmanuel Macron à l'Élysée, qui connaît bien les actionnaires de *V.A.*, Charles Villeneuve et

9. Entretien avec les auteurs, le 7 juin 2021.

Étienne Mougeotte. Tous trois faisaient partie, au début des années 2010, d'une petite cellule réunie autour de Jean-René Fourtou, ancien patron de Vivendi, pour réfléchir au secret à la réélection de Nicolas Sarkozy. Un petit monde.

Si petit que, lorsque Michel Houellebecq est décoré de la Légion d'honneur au palais présidentiel en avril 2019, c'est Geoffroy Lejeune qui œuvre discrètement pour que l'écrivain, aux propos droitiers souvent controversés, soit épinglé par le président en personne. En reportage avec Houellebecq en Belgique quelques mois plus tôt, il a découvert qu'il n'a jamais reçu la moindre distinction de la République. Un coup de fil à son ami « BRP », chargé des décorations au Palais, pour lui signaler cette incongruité, et l'auteur de *Soumission* et des *Particules élémentaires* est inscrit dans la promotion des récipiendaires du 1er janvier.

Le jour où Michel Houellebecq est décoré, Geoffroy Lejeune est dûment convié. Il y a du beau monde dans la salle des fêtes, fraîchement rénovée : le chanteur Jean-Louis Aubert, Frédéric Beigbeder, le philosophe Alain Finkielkraut, Bruno Le Maire et Nicolas Sarkozy. La journaliste égérie de *Valeurs* Charlotte d'Ornellas, chroniqueuse sur CNews, est aussi présente. La cérémonie achevée, ils ont la surprise de voir Brigitte Macron se diriger vers eux. « Si ça vous intéresse, je peux vous faire visiter l'Élysée ! » Les voilà partis, avec Jean-Louis Aubert et Frédéric Beigbeder, pour une heure de déambulation, tandis que le président se livre auprès des autres convives aux mondanités d'usage. À leur retour, dans une salle des fêtes dégarnie, Emmanuel Macron les attire à l'écart pour une conversation à bâtons rompus de vingt-cinq minutes. Tout y passe, de la cathédrale Notre-Dame ravagée par les flammes deux jours plus tôt, aux élections européennes à venir en mai 2019, l'antisémitisme dans la société, sans oublier les dernières secousses des Gilets jaunes. « On ne peut pas les réduire à un phénomène de violence, alors que ça dit des choses plus profondes de notre société », entreprend le journaliste. « Mais c'est quand même des mecs qui veulent – *couic !* – me couper la tête ! » rebondit le chef de l'État en mimant de la main un couteau entaillant sa gorge de part en part. Geoffroy Lejeune conserve de ce moment privilégié, jalousé par la profession tant les accès au président sont rares, une curieuse impression. « J'en suis ressorti un peu dérouté. Il a essayé de jouer avec nous en allant sur notre terrain. C'est malin. Au fond, je pense que ça le fait marrer de s'encanailler avec nous. »

Praud, l'ami encombrant

Chaque matin, dans son bureau sans charme situé dans l'aile est, noyé sous des piles de livres posées à même le sol, Bruno Roger-Petit a son rituel. Il allume son téléviseur pour regarder « L'Heure des pros », l'émission de son « ami Pascal ». Ils se connaissent de longue date, échangent chaque jour ou presque au téléphone, au moins par SMS. « Les gens n'ont plus le temps d'aller causer au comptoir d'un bistrot, alors ils regardent Praud. Il sent les choses, il sent la France. Sur CNews, de quoi parle-t-on toute la journée ? Du sentiment de dépossession qui frappe le pays, de cette France qui a perdu la maîtrise de son destin, de la mondialisation, de l'Europe qui donne à certains le sentiment qu'elle ne les protège pas assez. Tout le monde se bouche le nez, mais tout le monde regarde. En démocratie, il faut convaincre, disait Mendès France. Voilà pourquoi il faut aller chez Praud : pour convaincre de ne pas voter Éric Zemmour », constate-t-il.

« Ça lui donne des idées de ce qu'il faut dire au président. Il a convaincu Clément Léonarduzzi sur ce point », abonde un proche. Au fil du temps, ils ont constitué une fine équipe avec le député LREM et questeur de l'Assemblée nationale Florian Bachelier. « Lui, c'est le "pascaliste" de la macronie. Il vient de l'aile gauche, mais il drague Pascal Praud et Nicolas Sarkozy ! » s'amuse un témoin des agapes organisées par ces complices à la questure du Palais-Bourbon, parfois à l'Élysée. Ensemble, Praud, « BRP » et Bachelier causent politique et refont le monde autour d'une bonne bouteille. Un soir, Emmanuel Macron passe une tête : « Attention Pascal, ils vont vous faire beaucoup trop boire ces gens-là ! » Le soir de son élection de 2017, l'animateur-vedette de CNews s'était empressé de récupérer son numéro de portable. Très vite, il lui avait adressé des SMS pour tenter de le convaincre de venir un jour, à l'improviste, sur son plateau. C'est son rêve. Parfois, Pascal Praud reçoit une réponse bienveillante du président : « Merci pour l'invitation, je n'y manquerai pas. C'est promis. Emmanuel. » À d'autres périodes, les contacts sont plus espacés. Mais toujours, l'Élysée le traite.

Un jour de décembre 2018, en pleine réunion à huis clos sur la crise des Gilets jaunes, Emmanuel Macron est interrompu par Sibeth Ndiaye, alors responsable de sa communication. Elle s'agace que des informations fuitent en direct du Palais : « Quel est l'imbécile qui a envoyé un message à Praud sur la prime de 100 euros [*NdA* : promise aux travailleurs payés au Smic] ? Il vient de citer l'Élysée en pleine émission ! » Une voix, amusée, se dénonce : « C'est moi. » « Moi », c'est le président[10].

10. Scène rapportée dans « De la questure à l'Élysée, Pascal Praud invité et ménagé par le pouvoir », *Le Monde*, 6 mai 2021.

TROISIÈME PARTIE

EN CHIENS DE FAÏENCE

9

Pacte faustien

« Monsieur Sarkozy, approchez-vous », somme la présidente de la 32e chambre correctionnelle du tribunal de Paris, Christine Mée, pour lui notifier sa peine. « Pacte de corruption », ont tranché les magistrats ce 1er mars 2021. Comme s'il n'était qu'un vulgaire mafieux, un « pourri », remâche-t-il. Condamné à trois ans, dont un derrière les barreaux. Une marque d'infamie. Le regard perdu au loin, Nicolas Sarkozy comprend qu'il restera dans l'Histoire comme le premier président de la Ve République condamné à une peine de prison ferme. Un uppercut. Il sait que la route de la présidentielle lui est définitivement barrée et que Paris rit sous cape à l'idée de le voir arborer un bracelet électronique à la cheville. Contre toute attente, au soir de sa condamnation en première instance dans l'affaire des écoutes dite « Bismuth », l'ancien président ne rumine pas. Installé devant son écran de télévision en famille, il regarde sa série fétiche, *The Killing*, adaptation américaine d'un feuilleton danois. Une sombre histoire de meurtre impliquant un politicien véreux. Sur son portable, les SMS de soutien clignotent. L'appareil, soudain, vibre avec insistance. C'est Emmanuel Macron qui tient à lui parler. « Un geste républicain, de président à président», dit l'Élysée. Sarkozy apprécie l'attention. Elle tombe à pic. Il a une proposition à soumettre à son jeune successeur : un pacte politique, en guise de réconciliation après de longs mois de froid.

«Winter is coming»

Jamais Emmanuel Macron n'avait snobé Nicolas Sarkozy si longtemps. François Bayrou, qui déteste l'ancien président, savoure. Le patron du MoDem ne digère pas que l'ancien chef de l'État le traite publiquement de «traître» et ne cesse de mettre le président en garde sur sa personne. En cette rentrée 2020, le centriste murmure aux journalistes, avec un grand sourire de chat : «Vous savez que Sarkozy n'a pas été reçu au fort de Brégançon cet été ? Il s'en était vanté partout.» Durant les vacances estivales qui suivent le premier déconfinement, l'ex-président, en résidence au cap Nègre, attend en vain l'invitation du couple Macron, qui a pris ses quartiers dans la forteresse officielle de la République sur la côte varoise. Seuls dix-sept kilomètres séparent les deux éperons rocheux, moins encore par voie maritime. Pour un peu, il pourrait apercevoir à la jumelle son successeur batifolant en jet-ski dans les flots azuréens de la Méditerranée. Depuis plusieurs mois, la tempête judiciaire les a éloignés. Nicolas Sarkozy sent le soufre. Le président a pris ses distances, agacé par les rumeurs sur son possible retour et les perfidies qui lui revenaient de la rue de Miromesnil concernant sa gestion de la crise sanitaire. Entre ces deux hommes qui semblaient si complices, quelque chose s'est grippé. Un léger froid, imperceptible pour les non-initiés.

La faute en est entièrement partagée : Sarkozy a fait du Sarkozy, répétant à ceux qui défilaient au « 77 » qu'il aurait fait mieux que son cadet. Et Macron a fait du Macron, omettant de longues semaines de lui téléphoner, convaincu que son aîné était désormais condamné aux pages faits divers des journaux. Le président, rassure l'Élysée, est « débordé ». Il enchaîne les crises diplomatiques. Au Liban, après la dramatique explosion qui endeuille Beyrouth. Au Sahel, après le coup d'État militaire au Mali. Avec l'Europe, qui se fait tirer l'oreille pour débloquer les fonds d'un plan de relance monstre de 750 milliards d'euros. Le 20 août, c'est Angela Merkel que Macron accueille à l'« Élysée-sur-Mer », surnom donné à Brégançon depuis que le fort a été aménagé pour lui permettre de télétravailler. Nicolas Sarkozy attendra. Les deux hommes ne font que se croiser le 23 août, par hasard, sur le tarmac de l'aéroport de Toulon-Hyères. Emmanuel Macron regagne Paris pour le Conseil des ministres de rentrée, et Nicolas Sarkozy s'envole pour Lisbonne, au Portugal, pour la finale de la Ligue des champions PSG-Bayern. Ils n'ont plus échangé depuis leur déjeuner du 8 mai et une entrevue officielle le 23 juin, date à laquelle le Palais a convié les hauts dignitaires du pays – François Hollande compris – pour les consulter sur la sortie de crise.

« Macron ? Il t'appelle quand il pense que c'est important, mais au fond il s'en fout. Tu as beau lui proposer des trucs, il n'écoute pas », maugrée l'Ex, qui ne goûte guère le confinement politique qui lui est infligé. « C'est un très mauvais calcul de *by-passer* [*NdA* : « court-circuiter »] la seule personne qui a encore une autorité sur sa famille politique », maudit un sarkozyste.

Entre eux, les urticants se sont accumulés. La macronie a été outrée de la petite musique décrivant son champion sous tutelle sarkozyste, après le remaniement qui a vu Jean Castex remplacer Édouard Philippe et Gérald Darmanin s'installer place Beauvau. Nicolas Sarkozy a beau répéter qu'il n'en est rien – «Le président de la République n'est pas un homme sous influence» –, il ne peut s'empêcher de se dépeindre en privé comme le DRH de la République, l'homme qui tire les ficelles : «Nous sommes à la mode, mes amis!» Ses leçons de bonne gestion ne passent plus. En promotion pour son nouveau livre *Le Temps des tempêtes*, l'ancien président vante à longueur d'interview son «leadership» face à la crise financière de 2008 pour sortir l'Europe de sa léthargie. Comment ne pas y voir un écho des critiques qu'il profère en petit comité sur Emmanuel Macron face au Covid-19? Lesquelles reviennent par indiscrétions aux Marcheurs, exaspérés. Pis encore, il s'autorise ce conseil aigre-doux sur TF1 : «L'arrogance, c'est un très grave défaut que j'ai essayé de ne jamais avoir[1].» Des dissonances discrètes, mais inédites.

Stoïque, le chef de l'État laisse dire. Le «maître des horloges» a déjà intégré que son prédécesseur ne constituait plus un danger et qu'il ne serait pas candidat contre lui. Il sait qu'un hiver pénible l'attend dans les prétoires, entre les procès Bismuth et Bygmalion. Avec, à la clé, une possible condamnation qui lui interdirait tout destin national. Voilà le Tigre presque mis en cage, bientôt enfermé entre des barreaux, fussent-ils symboliques. «Pour Sarkozy, *winter is coming*[2]», se

1. Journal télévisé de TF1, le 27 juillet 2020.

2. Gimmick de la série *Game of Thrones*, où les «Marcheurs blancs», des morts-vivants résidant dans des contrées glacées, menacent le monde d'une invasion.

délecte un Marcheur. « À un moment, fusille un conseiller de l'exécutif, il faut accepter de n'être plus qu'une nostalgie. »

Lequel des deux a le cuir le plus épais ? Le fauve Sarkozy n'a pas dit son dernier mot. Même cerné, ligoté, entravé à force de mises en examen, il ne renonce pas à se battre. Il suffit de peu d'espoir pour éveiller son appétit de grand carnassier. En novembre 2020, alors que tout semble perdu, son principal accusateur dans l'affaire du financement présumé libyen de sa campagne présidentielle de 2007, Ziad Takieddine, sulfureux intermédiaire franco-libanais, se rétracte dans des conditions opaques[3]. L'ancien président claironne. On l'a « traîné dans la boue », « sali ». « La vérité éclate enfin », triomphe-t-il. Il n'en faut pas davantage pour que les rumeurs sur son retour repartent de plus belle, alors que les Républicains peinent à dégager un candidat naturel pour porter leurs couleurs. « Si Emmanuel Macron dévissait dans les sondages, qui serait le recours ? Lui ! » proclame son ami Pierre Charon.

Comme à chaque rebondissement judiciaire, l'Ex s'invite à la télévision. Un grand entretien est annoncé pour le 13 novembre 2020 sur BFM TV avec Ruth Elkrief. Emmanuel Macron comprend qu'il est grand temps de rompre la quarantaine. Quelques heures avant l'interview, il appelle Nicolas Sarkozy afin de l'inviter à sa

3. Dans une interview publiée le 9 novembre 2020 dans *Paris Match*, Ziad Takieddine se rétracte, après avoir assuré pendant huit ans qu'il avait transmis à Nicolas Sarkozy et ses équipes 5 millions d'euros de la part du colonel Kadhafi pour financer sa campagne de 2007. Vrai scoop ou rétropédalage organisé ? À la suite de ce coup de théâtre, le parquet national financier ouvre une enquête sur une éventuelle subornation de témoins et association de malfaiteurs.

table les jours suivants. Il n'ignore pas qu'il aura besoin de lui – et à défaut, de sa bienveillante neutralité – pour être réélu. L'opération rattrapage est un peu grossière. Mais l'ancien président apprécie et se permet une allusion à l'antenne pour lui signifier qu'il n'est pas rancunier : « Si le président de la République a besoin de discuter, je suis disponible. » Mieux, Sarkozy va jusqu'à doucher en direct les fantasmes sur ses ambitions élyséennes. « Pour moi, la politique, j'ai tourné la page, insiste-t-il devant la journaliste. Je demande à chacun de comprendre que le temps de la politique politicienne – que je respecte, ça a été un temps dans ma vie –, c'est du passé. Maintenant, mon devoir, c'est ma famille, mon pays en tant que citoyen et la vérité. Voilà, je n'aspire à rien d'autre. [...] La politique n'est plus mon affaire d'aujourd'hui. » Affaire classée ? Pas tout à fait. Interrogé sur la personnalité qu'il envisage de soutenir à la présidentielle, Emmanuel Macron ou un candidat de sa famille politique, il laisse le suspense entier. « On verra à ce moment-là l'utilité que je peux avoir. » Condamné ou pas, il sera faiseur de roi.

Coup d'arrêt

Jusqu'à la dernière minute, l'ancien président a cru qu'il échapperait à la condamnation dans l'affaire des écoutes. « Il n'y a rien dans le dossier, rien ! » Les plus pessimistes de ses amis lui prédisaient, au pire, une peine de six mois avec sursis. Lui se voyait déjà blanchi, son honneur lavé, et imaginait les appels pressants de son camp à quitter sa retraite pour sauver la droite de la déroute. « Il pensait que c'était un dossier de relaxe qui lui ouvrait le chemin du retour et de la rédemption et lui permettait d'aborder sereinement le procès Bygmalion. Là, ça a douché les espoirs, on est tous orphelins. Sarkozy, c'est Joe Dassin, ses derniers nostalgiques ont disparu... », soupire l'un de ses anciens lieutenants. Les magistrats ont considéré qu'il avait bien tenté de corrompre Gilbert Azibert, ancien magistrat à la Cour de cassation, avec l'aide de son avocat et ami Me Thierry Herzog, afin de recueillir des informations confidentielles sur la procédure Bettencourt. Et ce contre la promesse d'un poste honorifique à Monaco. Les intéressés contestent vigoureusement les faits, mais des échanges jugés litigieux ont été interceptés sur sa ligne téléphonique clandestine. Nicolas « Bismuth » Sarkozy fait aussitôt appel en promettant de porter l'affaire jusqu'à la Cour européenne des droits de l'homme. Mais le mal est fait.

8 h 25, deux jours plus tard, dans le studio Jean-Luc Lagardère d'Europe 1. Le visage masqué et les yeux encore embués de sommeil, Christophe Castaner n'a pas le temps d'émerger qu'il est saisi par les questions de Sonia Mabrouk. L'intervieweuse de la matinale, réputée pour son mordant, l'attaque bille en tête : cette condamnation est-elle une bonne affaire pour la macronie ? *Mezza voce*, les Marcheurs se délectent de voir le danger Sarkozy enfin écarté. « Avec ça, on est tranquilles pour un bon bout de temps ! » rédige un cadre LREM sur l'une des boucles WhatsApp de la majorité, où conversent le délégué général du parti Stanislas Guerini et plusieurs membres du gouvernement. Proche parmi les proches d'Emmanuel Macron, « Casta » n'en pense pas moins. « S'il le souhaitait, Nicolas Sarkozy pourrait-il se présenter de nouveau en 2022 ? » l'entreprend Sonia Mabrouk. « Je n'y crois pas une seconde », pérore l'ancien ministre de l'Intérieur, devenu patron des députés LREM. Surprise

par cet aplomb qui réveille une interview ronflante, la journaliste embraye : « Vous n'y croyez pas ? » « Casta » enterre : « La situation politique ne lui permet pas de se présenter. Il ne se représenterait que s'il était convaincu de gagner. Il sait très bien qu'il ne gagnerait pas la présidentielle vu sa situation politique. » Ci-gît Sarkozy. Une véritable couronne mortuaire.

Sitôt sa peine prononcée, l'ancien occupant de l'Élysée comprend que sa carrière politique se conjuguera désormais au passé. « Qui imagine un seul instant le général de Gaulle mis en examen ? » avait osé François Fillon en le visant durant la primaire de 2016, sans songer que cette bassesse lui reviendrait en boomerang lors du « Penelope Gate ». *A fortiori*, qui imagine un candidat à l'élection présidentielle condamné en première instance ? Tenaillé par un puissant sentiment d'injustice face à ce qu'il perçoit comme une vengeance des juges, Nicolas Sarkozy comprend qu'il n'a plus de levier politique, du moins sur le papier. Faute de pouvoir agiter la menace de son retour, qui va le prendre au sérieux ?

C'est sous-estimer le pouvoir d'influence colossal qu'il conserve auprès des militants de droite. En ce début de printemps 2021, il domine toujours les classements, en tête chez les sympathisants LR (89 % de bonnes opinions, talonné par Édouard Philippe à 87 %[4]). Non-lieu ou pas, en 2022 sa voix pèsera, son soutien comptera. Il entend les vendre cher. En ces heures où beaucoup à droite soupirent d'aise à l'idée d'être bientôt débarrassés de cette encombrante figure tutélaire, il imagine un plan des plus

4. Tableau de bord des personnalités, avril 2021. Enquête Ifop-Fiducial pour *Paris Match* et Sud Radio.

retors, un «effet *blast*» dont il a le secret. Sans être amateur de poker, Nicolas Sarkozy a le sens inné du bluff.

En ligne avec Emmanuel Macron, il lui soumet cette offre insolite : en échange de son onction au premier tour de la présidentielle, La République en marche nouerait un contrat de mariage avec les Républicains afin de constituer une majorité pour le prochain quinquennat. Ce gouvernement de coalition, sur le modèle allemand, conduirait une politique compatible avec la droite, sur les questions régaliennes notamment, et serait dirigé, précision d'importance, par un Premier ministre ayant ses entrées rue de Miromesnil. Un pacte faustien, en somme, où Emmanuel Macron céderait son âme et une partie de ses pouvoirs contre la quasi-assurance d'être réélu dans un fauteuil.

Expert ès sondages, qu'il a toujours décortiqués, Nicolas Sarkozy a vite intégré que la qualification de son successeur au second tour était loin d'être assurée. «Les macronistes n'ont pas mesuré à quel point l'équation du premier tour est casse-gueule pour eux. Ils sont dans une forme d'inconscience. Si Emmanuel Macron se qualifie face à Marine Le Pen, il sera réélu. Son vrai problème, c'est de passer le premier tour!» alerte un sarkozyste historique.

En petit comité, l'ancien président s'en va répétant que l'élection suprême pourrait virer au «cataclysme» avec un second tour opposant Jean-Luc Mélenchon à la présidente du Rassemblement national. Cette hypothèse avait déjà plané quelques heures dans le sprint final de la présidentielle de 2017, au point que le leader de la France insoumise y avait cru. Et si elle devenait cette fois réalité? «Nicolas tient un raisonnement de joueur de poker. Il a un brelan de trois dans les mains, mais il le joue comme s'il avait un brelan d'as, expose un vieux compagnon de route. Il pense que Macron a trois hypothèses devant lui : soit Marine Le Pen est élue présidente ; soit Macron est réélu avec les voix de la droite et fait à nouveau du *cherry-picking* [*NdA* : « cueillette de cerises », ou « picorage »] en débauchant des personnalités LR ; soit il conclut un accord avec Sarko, avec, en échange de son soutien, un Premier ministre compatible à Matignon comme François Baroin ou Valérie Pécresse, et l'assurance pour la droite d'avoir le premier groupe en nombre d'élus au Parlement. Nicolas pourrait alors dire qu'il a sauvé son camp. »

Invité le 3 mars 2021 sur TF1, deux jours après son jugement, l'Ex se garde de dévoiler publiquement le *deal* qu'il a suggéré au président. Seuls quelques initiés en connaissent les contreparties et clauses non écrites. Mais il lui donne un gage de bonne volonté en indiquant pour la première fois qu'il pourrait soutenir un candidat qui ne serait pas issu de son camp. « Je dirai ce que je pense. Je dirai, quand je connaîtrai les candidats, celui ou celle que je soutiens. Et je m'engagerai à ce moment-là », énonce-t-il. À droite, la petite phrase fait jaser. « Il a réussi un coup de maître, vante un ami. On ne parle plus du bracelet électronique ni de sa condamnation à trois ans de prison, mais de son éventuelle alliance avec Macron. »

Le voilà de nouveau suspecté de faire défaut à sa famille politique ; de vouloir, par orgueil, empêcher un président de droite de lui succéder. Lui rétorque que LR n'a pas de candidat naturel et que ses leaders tardent à se mettre d'accord sur un champion, au risque de se retrouver avec deux candidats. Comme à la présidentielle de 1995, lorsque Jacques Chirac et Édouard Balladur s'étaient déchirés. Nicolas Sarkozy se trouvait, alors, aux premières loges. « Ils auront des difficultés à se ranger derrière un seul candidat, s'inquiète un proche de l'ancien président. Quand ils viennent voir Sarko, ils daubent les uns sur les autres, ils se vomissent dessus. Ils veulent incarner l'alternance, mais ils se prennent la tête sur des querelles de nabot. Si la droite n'est pas fichue d'avoir un candidat, il faudra que nous soyons responsables. Mais Emmanuel Macron aurait tort de penser que le soutien de Sarko lui est automatiquement acquis. »

Fusion-acquisition

Un seul ténor trouvait grâce à ses yeux au sein de LR : François Baroin. Déçu, l'ancien président se rend compte que le chiraquien n'est pas prêt à sacrifier sa vie privée épanouie avec l'humoriste Michèle Laroque ni sa fortune personnelle – il est associé d'un prestigieux cabinet d'avocats – pour l'Élysée. « La clé, c'est l'envie », dit souvent l'ex-chef de l'État, convaincu que la France se donne à celui ou celle qui la désire le plus. À la rentrée 2020, le chiraquien Baroin fait fuiter dans la presse qu'il ne compte pas se présenter, à l'immense colère des Républicains qui croyaient pouvoir compter sur lui. Au siège du parti, une réunion du conseil stratégique tourne au règlement de comptes avec le maire de Troyes (Aube). « Tu nous fous dans la merde ! » s'emporte la sarkozyste Nadine Morano. « Elle a raison », enchaîne Rachida Dati. Irrité, François Baroin se défend : « Ce n'était pas le bon *timing*, j'ai le respect des élus locaux.
— Parce que nous, on leur crache à la gueule peut-être ? réplique Morano. C'est bon là, faut arrêter de nous la faire à l'envers ! »

Amer, Nicolas Sarkozy comprend que lui trouver un remplaçant ne sera pas chose aisée. Faute de pouvoir en faire son successeur, il a son idée : il va pousser son nom pour Matignon, dans l'hypothèse où LR et LREM constitueraient une coalition. Le 12 mars, onze jours après sa condamnation, il reçoit François Baroin à déjeuner avec le patron des Républicains Christian Jacob. Baroin Premier ministre d'un Macron réélu, l'Ex aurait des yeux et des oreilles dans tout l'appareil d'État ! Il détiendrait le pouvoir, sans avoir à le conquérir. « Il veut forcer Macron à se mettre à genoux, analyse un élu au fait de ces tractations. C'est la droite qui enfermerait Macron et plus Macron qui enfermerait la droite. »

Emmanuel Macron flaire le piège. L'ancien banquier d'affaires comprend qu'il ne s'agit pas d'une banale fusion-acquisition, une « fusac » dans le jargon entrepreneurial, mais d'une OPA sur LREM, moins amicale qu'il n'y paraît. En théorie, il a tout intérêt à parapher le pacte faustien que lui soumet Nicolas Sarkozy : il a besoin des voix de la droite. Il voit bien que l'opposition, qu'il a dynamitée en débauchant Édouard Philippe, Bruno Le Maire ou Gérald Darmanin, redresse la tête. Après s'être effondrée à 8,5 % aux européennes de 2019, elle a regagné des parts de marché lors des municipales de 2020 ; certes moins qu'elle l'espérait. Les quelque vingt législatives partielles qui se sont déroulées depuis 2017 lui ont aussi permis de récupérer lentement mais sûrement trois députés, tandis que le groupe des députés LREM ne cessait de s'étioler. En mai 2021, la Fondapol (Fondation pour l'innovation politique) publie une étude faisant état d'un glissement à droite de l'opinion. En l'espace de cinq ans, de 2017 à 2021, la proportion de Français se classant à droite sur l'échiquier politique est passée de 33 % à 38 %, tandis que la part d'électeurs se déclarant de gauche est demeurée stable, de 25 % à 24 %. L'étude attribue ce changement au vieillissement de la population et à la prédominance dans le débat public des questions de sécurité et d'identité. « De puissants courants de droitisation sont à l'œuvre en France, conclut l'enquête. Toute la question est de savoir si ce réalignement à droite profitera à une droite de gouvernement ou à l'extrême droite[5]. » L'opposition n'est pas morte, elle bouge encore.

À l'Élysée, le président, qui marche sur la ligne de crête du « en même temps », sait qu'il va lui falloir intégrer cette donnée dans sa campagne. « LREM n'est pas en très bonne position pour gagner les législatives. La droite et Emmanuel Macron savent très bien qu'ils ont une éventualité de travailler plus tard ensemble », constate devant ses interlocuteurs l'ancien Premier ministre Jean-Pierre Raffarin. Loin des oreilles indiscrètes, les têtes pensantes de la macronie travaillent sur un scénario catastrophe, qui verrait Emmanuel Macron réélu en avril 2022, puis défait lors des législatives suivantes, contraint de gouverner avec la droite. « Les Français aiment bien équilibrer les pouvoirs. Ce serait la première cohabitation depuis l'entrée en vigueur du quinquennat [*NdA* : en 2002]. En vérité, ce serait une cohabitation Macron-Sarkozy », cauchemarde un mentor du premier.

« Cohabitation », le mot est lâché. Dans ces conditions, Emmanuel Macron n'a-t-il pas intérêt à signer au plus vite ? Autant poser sans attendre ses conditions,

5. Étude de la Fondation pour l'innovation politique (Fondapol) publiée en mai 2021, réalisée sur la base de données du Baromètre de la confiance politique du Centre de recherches politiques de Sciences Po (Cevipof).

plutôt que de se retrouver au pied du mur après l'élection. C'est mal connaître cet homme, qui place sa liberté tout en haut de ses valeurs personnelles. Jamais il n'acceptera de se lier les mains. Pas dupe, il sait qu'il serait ravalé au rang de président inaugurant les chrysanthèmes dans les cérémonies officielles, un président Potemkine, tandis que le pouvoir passerait aux mains de Nicolas Sarkozy et de ses affidés. Comme si l'Élysée déménageait à quelques centaines de mètres, rue de Miromesnil.

À l'immense agacement de l'ancien président, son successeur procrastine donc, sans donner suite à sa proposition. « Alors qu'il est à la baisse avec sa condamnation, Sarkozy vient dire à Macron : "Écoute mon pote, on va partager le pouvoir." Eh bien non, ça ne va pas se passer comme ça ! » se rengorge un macroniste historique. « Il croit qu'on va faire un accord avec LR et leur filer cent cinquante députés, non mais jamais ! Quand Macron entend ça, je peux vous dire qu'il se marre ! » se récrie un conseiller du pouvoir.

Le chef de l'État a son propre plan en tête. Nul besoin de Nicolas Sarkozy, il compte se débrouiller seul pour déstabiliser la droite. Il y travaille en secret. Depuis des mois, ses stratèges à l'Élysée préparent une nouvelle opération fracturation de l'opposition, en s'appuyant sur quelques agents doubles et élus de confiance. À malin, malin et demi. Les élections régionales approchent. Elles vont être son bras armé. « La France est à droite. Mon trou de souris est là, confie le président loin des oreilles indiscrètes. Si je veux gagner, je dois siphonner la droite. »

10

Les «jaunes»

Dans l'antichambre de l'hôtel de Montmorin, qui abrite le ministère des Outre-Mer (Paris VIIe), s'affichent des visages connus : Pierre Messmer, Henri Emmanuelli, François Baroin et tant d'autres. Tous figés pour l'éternité sur la galerie des portraits réservée aux anciens locataires des lieux. Un jour, Sébastien Lecornu rejoindra à son tour ces cimaises. Pour l'heure, il a d'autres urgences à régler : la crise sanitaire dans les Antilles, les problèmes d'immigration clandestine et d'insécurité sur l'île de Mayotte, le référendum sur l'indépendance de la Nouvelle-Calédonie. Des missions sensibles pour ce jeune homme de trente-cinq ans, devenu au fil du quinquennat un rouage indispensable de la majorité. Coordinateur du grand débat en 2019, cheville ouvrière de la prochaine campagne présidentielle d'Emmanuel Macron, très en cour au Château, il promène ses faux airs de cardinal et sa mine affable au regard bleu perçant dans les allées du pouvoir.

L'ancien Républicain, biberonné dans ses années d'adolescence au RPR, a fait du chemin. Comme son ami Gérald Darmanin, il a quitté son ancienne famille politique après la débâcle de François Fillon. Fraîchement élu, le nouveau président leur ouvre ses portes. Le résultat est au-delà de leurs espérances. Ils vont demeurer ministres tout le quinquennat, alors que la moyenne de présence au gouvernement sous la Vᵉ République n'excède pas dix-huit mois. C'est qu'ils ont une qualité fort appréciée chez les « amateurs » de la macronie : ils font de la « poloche » du matin au soir, sans états d'âme. « Sur le terrain, au cul des vaches », comme ils disent. Dans les médias, où il n'est pas rare de les entendre cogner sur leur ancien parti. Et dans les arrière-boutiques surtout, où ils fomentent le coup d'après.

Des stratèges, incollables sur Clausewitz, Machiavel et Sun Tzu, théoriciens de l'art de la guerre, qui ont constitué une petite bande avec un autre fameux larron : le député des Hauts-de-Seine Thierry Solère. « Titi l'embrouille », comme le baptisent ses acolytes. Chez les Républicains, on les a affublés d'un méchant surnom : les « traîtres ». Ils s'en moquent éperdument. Le président les a mandatés pour poursuivre l'entreprise de fracturation de la droite. Ils y prennent un plaisir non dissimulé. Quand vous croisez l'un, l'autre n'est jamais loin. Ils partagent le goût de la bonne chère et des grands crus. Et un sens de l'humour féroce, au point de rebaptiser en privé quelques collègues du gouvernement qu'ils jugent transparents. À l'instar du secrétaire d'État chargé des Retraites Laurent Pietraszewski, surnommé par ces joyeux drilles « M. Preskovitch », du nom de l'insupportable voisin bulgare du *Père Noël est une ordure*.

En ce printemps 2021, la silhouette imposante de Thierry Solère surgit dans le hall du ministère ultramarin. Il sort, triomphant, d'un rendez-vous avec son ami « Sébastien ». Qu'ont-ils donc tramé ? Mystère. « Titi » s'arrête net devant la galerie des portraits et rit à gorge déployée en montrant du doigt l'un des anciens pensionnaires : «Regarde, Estrosi ! Tout le monde avait oublié qu'il avait été ministre de l'Outre-Mer ! Ici aussi d'ailleurs… » Jamais avare d'une vacherie, c'est un principe. Même entre «jaunes» – comme on surnomme les briseurs de grève dans le milieu syndical –, on s'asticote. Le maire de Nice a fini à son tour par clarifier sa situation en quittant LR quelques jours plus tôt, après quatre années d'œillades à Emmanuel Macron. «La moitié d'un ami, c'est la moitié d'un traître», écrivait Victor Hugo. Chez les Républicains, le chef de l'État peut compter sur quelques amis.

Avant 2017, la danse du ventre

Quand la sérénade des macronistes débute courant 2017 pour séduire les ténors de la droite et les capturer dans leurs filets, les Républicains tombent des nues. Ils n'ont rien vu venir, par un surprenant défaut de clairvoyance. Depuis des années déjà, le jeune Emmanuel Macron tente de s'arroger les bonnes grâces des leaders de l'opposition, auprès de qui il sollicite services et conseils amicaux. Comme Jean-François Copé.

Aujourd'hui si dur avec le chef de l'État, le maire de Meaux (Seine-et-Marne) s'est laissé bercer par la douce musique du «nouveau monde» au début du quinquennat, jusqu'à qualifier le nouvel élu de «président de droite qu'on n'attendait pas». Entre eux, l'histoire débute en 2011 autour d'un déjeuner en Corse chez un ami commun. «JFC» est président de l'UMP et entretient des relations orageuses avec Nicolas Sarkozy. Emmanuel Macron émarge chez Rothschild, mais se voit déjà un autre destin. «C'est quoi ton conseil si je veux me lancer ? » entame crânement le banquier, accompagné par son épouse Brigitte. Jean-François Copé a du métier. Il lui soumet ce plan de bataille : « Tu vois le GI qui a été parachuté à Sainte-Mère-Église dans la Manche le 6 juin 1944 au soir du Débarquement, avec une carte et une boussole pour seuls guides afin de se rendre à Berlin ? Eh bien la politique, Emmanuel, c'est ça. Tu fais ce que tu peux. Devant toi, il n'y a personne. Et derrière, c'est pareil. Tu vas tout droit et tu te débrouilles ! » À cette métaphore guerrière, il ajoute un conseil que lui a livré Jacques Chirac pour devenir président : « Si tu veux avoir des responsabilités majeures, il faut que tu deviennes maire, député, ministre. Que tu sois parfois battu, que tu prennes des coups et que tu en donnes. Et un jour, peut-être, les Français considéreront que tu es prêt. » Le jeune homme écoute, dubitatif. Impatient, il n'est pas disposé à sacrifier à ce parcours initiatique : « Pour moi, ça ne va pas du tout être ça. Ce n'est pas mon truc », déclame-t-il avec l'assurance d'un Rastignac. À son propos, Gérald Darmanin a cette formule éclairante : « Macron et la politique, c'est comme un homme qui connaît tout de l'Italie sans y être jamais allé, mais en ayant lu tous les livres. »

Jean-François Copé repart du dîner perplexe. « Il est sympa, mais il ne va pas y arriver », glisse-t-il à son épouse. « Merde, j'ai eu tort ! » lâche-t-il le 7 mai 2017, en découvrant sur sa télé le visage du nouveau président de la République. Une fois élu, Emmanuel Macron le tient à bonne distance. « Oui, Jean-François, c'est absolument génial ! On va le faire, on te rappelle ! » lui jure-t-il quand le maire de Meaux lui propose en novembre 2018 de célébrer le centenaire de l'Armistice dans sa ville, qui abrite le musée de la Grande Guerre. Sans suite, malgré ses relances. « Quand il me voit, il est chaleureux et séducteur. Au final, le seul endroit où il n'est pas venu, c'est dans le plus grand musée d'Europe consacré à la guerre de 1914-18. Au fond, il s'en fout», constate avec dépit le maire de Meaux[1]. «Copé a trop de casseroles, trop de cicatrices. Il n'a plus la *win* [*NdA* : la «gagne»]. Le président évite ce genre de profil», assène un jeune et suffisant ministre en guise d'explication.

Christian Estrosi a eu la main plus heureuse avec l'Élysée. Sarkozyste historique, il constitue un morceau de choix. En 2015, quand les débats parlementaires font rage autour de la loi Macron sur la libéralisation de l'économie, le maire de Nice fait pourtant partie des élus vent debout contre le texte et le ministre de l'Économie qui le porte. Il ne veut pas entendre parler de cession des parts de l'État dans l'aéroport de sa ville. «À l'époque, Macron ne m'a pas séduit du tout. Je lui trouvais une forme d'arrogance et de mépris qui m'insupportaient. J'avais un phénomène de rejet», confesse-t-il[2].

Le tournant a lieu en 2016, après l'attentat du 14 juillet à Nice. Dépêché sur place à 2 heures du matin, le ministre de l'Intérieur Bernard Cazeneuve se montre «odieux», évinçant Christian Estrosi de la réunion avec les forces de sécurité dans la salle de crise de la préfecture. Une semaine plus tard, Emmanuel Macron, qui vient de lancer son mouvement en vue de la présidentielle, l'appelle. Il sait l'édile très inquiet des retombées économiques de l'attaque meurtrière pour sa ville : «Je veux t'aider. Je viens demain. Dresse-moi la liste des décideurs économiques que tu souhaites inviter et je te propose que nous coprésidions une réunion à la préfecture.»

1. Entretien avec les auteurs, le 28 janvier 2021.
2. Entretien avec les auteurs, le 13 janvier 2021.

L'ancien ministre de Nicolas Sarkozy est soufflé : « Il y a un drame et il me tend la main. J'ai compris à ce moment-là qu'il y avait un homme dans le débat politique, et un autre dans la tragédie, qui savait être dans le dépassement. »

Le futur président vient de marquer de précieux points. Quand François Fillon se retrouve englué dans le scandale du « Penelope Gate », « Estro » prend ses distances. Dans les meetings des Républicains, son nom est sifflé. Le 31 mars 2017, il décroche son téléphone : « Emmanuel, je sais que tu viens demain à Marseille. Si tu as cinq minutes, viens prendre un café à l'hôtel de région ! » Pour le candidat, l'occasion est trop belle. En pleine campagne présidentielle, la rencontre fait l'ouverture des journaux. Une heure de discussions. « Quand je vois que, dans ton camp, on est capable de siffler ses propres amis… Si je suis élu, on parlera ensemble. J'aurai besoin de toi », lui promet le futur président dans le secret de ce tête-à-tête. « J'ai de l'estime et du respect pour Emmanuel Macron. Nous avons travaillé ensemble sur des projets majeurs quand il était ministre. Au-delà des clivages, nous sommes des politiques responsables et soucieux de l'intérêt général de la France », déclare à la sortie Christian Estrosi, partisan depuis ce temps d'un rapprochement entre LR et LREM.

Au risque d'être accusé dans sa famille politique de jouer double jeu. Jusqu'au point de rupture qui va se jouer quatre ans plus tard, dans la tourmente des élections régionales de juin 2021.

PACA, les dessous d'un fiasco

Le chef de l'État veut faire de ce dernier scrutin intermédiaire du quinquennat un laboratoire à ciel ouvert pour la présidentielle. Sur la carte de France, il recense les régions où les sortants sont en situation de faiblesse. En Provence-Alpes-Côte d'Azur, le Républicain Renaud Muselier est donné perdant face à Thierry Mariani, transfuge de LR passé au Rassemblement national. Avec ses stratèges, Emmanuel Macron concocte un plan pour le contraindre à une alliance avec la majorité, et diviser un peu plus la droite. La promesse d'un festival de trahisons, d'autant que le metteur en scène s'appelle Thierry Solère.

Tout débute au mois de janvier par un déjeuner des plus confidentiels à Paris entre Renaud Muselier, Christophe Castaner, qui connaît bien la région PACA pour avoir été maire de Forcalquier, dans le Lubéron (Alpes-de-Haute-Provence), et la ministre de l'Enseignement supérieur Frédérique Vidal. Le président a son idée : laisser entendre que LREM pourrait présenter sa propre liste, avec Vidal en cheffe de file, afin de contraindre Muselier à un accord. «Sans nous, tu perds et c'est le RN qui gagne», plante «Casta» lors du rendez-vous. Le Marseillais s'esclaffe devant ce coup de bluff. «Vous êtes bien gentils, mais moi je gagne tout seul. Vous ne me faites pas peur.» Frédérique Vidal, il n'y croit pas. La tentative fait *pschitt* et la ministre est débranchée un mois plus tard, remplacée par sa collègue Sophie Cluzel. La secrétaire d'État aux Personnes handicapées, née à Marseille, a des attaches dans la région. La menace est d'autant plus sérieuse pour Renaud Muselier que Cluzel se prend tout de suite au jeu et prépare sa liste. Dans la coulisse, les maires Macron-compatibles de Nice et Toulon, Christian Estrosi et Hubert Falco, œuvrent pour forcer la main de leur ami. Le voilà pris en étau. Thierry Solère entre dans la danse pour parachever la discussion.

La rumeur d'une possible alliance se répand comme une traînée de poudre. Au siège des Républicains, on se met à douter de la loyauté du Marseillais. Le 7 avril 2021, la commission nationale d'investiture du parti lui apporte son soutien du bout des lèvres, lors d'une réunion mouvementée. « C'est beau chez vous. Il y a encore des moyens pour un parti qui n'a plus d'argent ! » provoque l'agent double Estrosi dès son arrivée dans l'immense hall blanc de la rue de Vaugirard. Éric Ciotti et Christian Jacob n'y vont pas par quatre chemins : « Renaud, on t'aime bien, mais il ne faut pas que tu topes avec Macron. » Le maire de Nice, quant à lui, est accusé de chercher à favoriser une alliance au premier tour avec la majorité. « Si vous pensez que je suis une gêne, je peux aussi partir ! » riposte-t-il.

Mi-avril, les tractations s'accélèrent. Un premier conciliabule, discret, est organisé en visioconférence entre Muselier, Castaner, Estrosi, Falco et Solère. Sur le papier, les sondages sont catégoriques. Seul, Renaud Muselier ne peut pas gagner. Dix jours plus tard, dans l'appartement de Thierry Solère à Boulogne-Billancourt, les contours de l'accord se dessinent. En échange du retrait de la liste LREM, le chef de file de la droite accueillera sur la sienne 25 % de candidats issus de la majorité. Renaud Muselier cède. Reste à mettre en scène cette fusion qui fera grand bruit. « On va faire ça proprement. Tu nous tends la main dans les médias et on te répond derrière », propose Thierry Solère. Muselier accepte de convoquer une conférence de presse pour lancer l'appel. Il pose une condition : il ne veut pas que Stanislas Guerini lui réponde, afin de ne pas donner l'impression qu'il s'agit d'un accord d'appareil. Les Républicains lui en voudraient à vie. Il préférerait Jean Castex. « Ça, ce serait le rêve», dit-il. Solère sort son portable : «Allô, Jean ? Je suis avec Estrosi et Muselier, on vient de toper sur un accord. Renaud se demande qui doit lui répondre. Accepterais-tu sa main tendue, en tant que chef de la majorité ?» Le Premier ministre, transparent sur la scène politique, perçoit tout de suite son intérêt. «Excellente idée !»

Le 1er mai, ses confidences dans *Le JDD* font l'effet d'une bombe. «La majorité présidentielle répond très favorablement à l'initiative de Renaud Muselier», approuve le Premier ministre, se déclarant disposé à retirer la liste de La République en marche. «Cette union est le signe de la recomposition politique», avance même Jean Castex. La droite se retrouve au bord de l'implosion. Une nouvelle commission nationale d'investiture est convoquée dans l'urgence pour le mardi suivant. Renaud Muselier y est attendu de pied ferme. L'heure des comptes a sonné.

Quand son avion se pose le lendemain à 19 heures sur le tarmac parisien, un taxi l'attend pour le conduire à Matignon. Rue de Varenne, Jean Castex et Thierry Solère lui remontent le moral. Ils craignent qu'il ne ploie sous l'énorme pression que les instances de LR font peser sur ses épaules. «Je vais tenir», jure-t-il.

C'est pourtant un homme livide qui se présente au siège du parti. Pendant la réunion de la CNI, le ton monte. «Tu nous as trahis, tu es un lâche !» canonne Rachida Dati, parmi d'autres invectives. «Je n'ai rien signé, il n'y a pas d'accord avec LREM», se défend l'accusé. «Ce sont des fous, des fous ! Ils voulaient me tuer !» souffle-t-il, effaré, à la sortie. L'accord manque de peu de capoter. Un *deal* est trouvé *in extremis* avec Thierry Solère. Renaud Muselier accepte de se lier les mains, à condition que ne figure sur sa liste aucun parlementaire LREM ni la secrétaire d'État Sophie Cluzel, prestement évacuée. Réponse des émissaires de la majorité : « D'accord, mais pas de parlementaire LR non plus. » Un compromis au rabais, qui permet aux deux camps de partir unis face au RN et de sauver la face.

L'accord, en forme de capilotade, fait quelques dégâts dans la foulée. Le maire de Toulon Hubert Falco quitte LR, suivi de peu par Christian Estrosi. Le 27 juin 2021, Renaud Muselier est réélu aux commandes de la région. Victorieux, mais sans les honneurs. L'opération, qui devait être un coup de maître, laisse derrière elle le fumet nauséabond des pires tambouilles politiciennes.

« S'il n'est pas loyal, on le tuera »

Thierry Solère a senti le vent du boulet. Il garde des faits une lecture plus optimiste. « À titre personnel, je suis le grand vainqueur. La région PACA était celle où le RN avait le plus de chances de passer, se targue-t-il dans ses déjeuners parisiens. Si on n'avait pas discuté d'un accord, Mariani l'emportait. » Et c'en était fini de son glorieux titre de conseiller politique du président. Une mission non rémunérée, sans bureau attitré au Palais, ni voiture de fonction, mais ô combien renommée.

Emmanuel Macron lui a proposé cette collaboration après s'être séparé d'Édouard Philippe, dont le député des Hauts-de-Seine a longtemps été proche. « Pour le président, nommer Solère à ses côtés, c'est aussi le moyen de garder l'œil sur Édouard », décrypte un macroniste. Le chef de l'État, qui manque de relais sur le terrain, apprécie son entregent, comme sa fine connaissance des élus locaux. « Les élus qui connaissent la carte électorale comme ça, ça plaît au "PR". Il avait une vraie tendresse pour Michel Charasse», maître ès manœuvres de François Mitterrand, décrit Clément Léonarduzzi[3]. Fin tacticien, Solère sait mettre les gens autour d'une table. C'est lui qui, en 2016, a été le grand artisan de la primaire de la droite et du centre, jouant les entremetteurs entre Nicolas Sarkozy, Alain Juppé et François Fillon. «Il est jovial, il vous met vite en confiance et c'est un arrangeur de problèmes. Il sait conclure des *deals*, comprendre où sont les lignes rouges des uns et des autres. Il aurait fait un très bon banquier d'affaires!» loue Sébastien Lecornu[4].

Sa mission est claire : entretenir le lien avec la droite et dynamiter LR dans la perspective de la présidentielle et des législatives. «On ne s'en cache pas. Le président lui a donné mandat, alors il fonce. Même si, parfois, il laisse de grosses traces de doigts», plaisante un intime de Macron.

Ces manières valent à Thierry Solère beaucoup d'ennemis chez les Républicains, et quelques suspicions au sein de LREM. «Certains dans la majorité l'aiment beaucoup. D'autres pensent que c'est un cynique qui nous éloigne de l'ADN d'En marche avec ses petites combines d'arrière-cuisine, commente un sénateur LREM. Mais on ne va pas se plaindre! Pour une fois qu'on a quelqu'un chez nous qui fait de la "poloche", qui appelle les élus et est capable de discuter avec Sarko…»

Rue de Miromesnil, l'ancien président goûte peu, pour sa part, le trouble jeu du personnage. Il l'a fait savoir à Emmanuel Macron lors d'un rendez-vous fin

3. Entretien avec les auteurs, le 7 juin 2021.
4. Entretien avec les auteurs, le 20 mai 2021.

mai 2021, se plaignant des «off» que le conseiller politique livre aux journalistes en leur rapportant leurs conversations. Emmanuel Macron le sait, et jugera sur pièce le moment venu. Sa garde rapprochée, vigilante, prévient à toutes fins utiles, menaçante : « Solère se doit d'être totalement loyal au chef de l'État. S'il ne l'est pas, on le tuera. Et le président sera son premier exécuteur.»

La paille et la poutre

Au soir du second tour, le verdict des régionales va bien au-delà des espérances des Républicains. Tous leurs sortants sont brillamment reconduits, malgré les coups de boutoir de la macronie, dont les soldats sont balayés. Dans plusieurs territoires, le RN recule, plongeant Marine Le Pen et sa stratégie de «dédiabolisation» dans la tempête. Christian Jacob, président du parti, jubile : «La droite n'est pas morte, elle est même de retour!» Certes, elle n'a pas encore de candidat, mais ses électeurs ont répondu présent. La fameuse «poutre» qu'Édouard Philippe et les siens promettaient de faire bouger, pour poursuivre l'entreprise de recomposition entamée en 2017, ne bouge plus.

«Pour faire travailler la poutre, il faut construire un toit. Le paysan que je suis sait qu'une poutre sans toit, ça ne protège pas la récolte», commente, avec son sens fameux de la métaphore, le président LR du Sénat Gérard Larcher[5]. Les débauchages tant espérés par le président sont à l'arrêt. Ceux qui, un temps, se seraient bien vus rejoindre les rivages macronistes rentrent au

5. Entretien avec les auteurs, le 12 mai 2021.

port. Ils sont quelques-uns à avoir navigué dans ces eaux marécageuses au cours du quinquennat…

En 2017, le député LR de l'Yonne Guillaume Larrivé, ancien conseiller de Nicolas Sarkozy, l'avoue sans rougir : au second tour de la présidentielle, il a voté blanc, refusant de choisir entre les bulletins Macron et Le Pen. Au début du quinquennat, il apparaît comme l'un des opposants les plus féroces au président. À l'automne 2018, il publie un livre coup de poing, *Le Coup d'État Macron. Le prince contre la nation*[6]. La quatrième de couverture de l'ouvrage donne le ton. «Qu'est-ce que le macronisme au pouvoir? Un nouvel absolutisme. Plus d'un an après l'élection d'Emmanuel Macron à la présidence de la République, le moment est venu de démontrer et dénoncer la logique de son règne : celle d'un coup d'État insidieux, par lequel le prince cherche à accaparer, mois après mois, tous les pouvoirs de l'État. Sa présidence égocratique est celle d'une régression antidémocratique : un principat concentré dans les mains d'un homme et des palatins qui composent sa cour.»

Quelques mois plus tard, la musique est tout autre. Lui qui rêve «depuis toujours» de devenir ministre est le seul député LR à voter la confiance au gouvernement quand Jean Castex s'installe à Matignon. Appelant à l'«union nationale» face à l'état du pays, en pleine pandémie, il dénonce les postures sectaires de sa famille et ne cache pas qu'il aurait répondu présent s'il avait été appelé au gouvernement. Ce pas de deux irrite dans son camp. «Si Macron est réélu, il sera le premier à se barrer pour prendre sa carte chez l'autre. Si on gagne, il dira qu'on est les meilleurs», ironise un baron des Républicains.

6. L'Observatoire, 2018.

Plus trouble est le comportement d'autres figures de l'opposition à l'endroit du président. Ainsi du professeur Philippe Juvin, chef des urgences de l'hôpital Pompidou (Paris XVe), président de la fédération LR des Hauts-de-Seine, maire de La Garenne-Colombes et candidat à la primaire de la droite. Révélé au grand public par la crise sanitaire, il s'est illustré par ses positions tranchées contre les décisions du gouvernement. Par sincérité, ou amertume ? « Juvin a fait par deux fois des pieds et des mains pour entrer au gouvernement. La première fois en 2017, la seconde lors du remaniement qui a suivi l'arrivée de Castex », certifie l'un des plus proches collaborateurs du chef de l'État, qui assure en détenir la preuve par SMS.

Les tentatives de débauchage des macronistes, dont l'appétit est sans limites, vont jusqu'aux plus haut gradés des Républicains. À la même époque, une autre personnalité est approchée : Damien Abad, le patron du groupe LR de l'Assemblée nationale, prise de guerre très convoitée. Il a eu l'occasion, par le passé, de côtoyer Emmanuel Macron. « Il a été mon prof de culture générale à Sciences Po, en Prép'ENA. Un très bon prof d'ailleurs, très apprécié des élèves. C'est même lui qui m'a fait passer mon oral blanc ! Il m'avait mis 13 », confie le député de l'Ain, qui rapporte en souriant qu'« à l'époque, déjà, on avait du mal à savoir s'il était de gauche ou de droite »[7]. Un message de Damien Abad sur le réseau social Twitter, saluant « l'esprit de concorde » et « l'humilité » du président au soir de son allocution solennelle du 13 avril 2020 a appâté la macronie. Un discret intermédiaire prend contact avec lui. Il lui fait miroiter tous

7. Entretien avec les auteurs, le 30 mars 2021.

les avantages qu'il aurait à rejoindre les rangs de la majorité pour reconstruire le pays après l'épidémie. Tout sauf sectaire, l'élu LR turbule quelque peu. L'horizon semble si bouché à droite... Très vite, il oppose une fin de non-recevoir. Le coup porté à sa famille politique aurait été brutal. Désormais candidat à l'investiture de LR, l'ancien «M. Brexit» Michel Barnier a également fait partie des scalps convoités par les Marcheurs. «Son nom a été évoqué pour prendre la tête de la liste LREM aux européennes. Lui voulait la présidence de la Commission européenne, mais Macron lui a préféré l'allemande Ursula von der Leyen, il en a été marri! Puis il s'est imaginé à la place d'Édouard Philippe, menaçant, s'il ne l'obtenait pas, de se présenter à la présidentielle», murmure un stratège de l'Élysée.

Une autre grande figure de LR, enfin, a été sollicitée à cette période, disparue des écrans radars : Nathalie Kosciusko-Morizet. Installée sur la côte est des États-Unis depuis qu'elle a quitté la vie politique en 2017, après sa défaite aux législatives, elle travaille sur la cybersécurité pour le groupe Capgemini. En mai 2020, le téléphone de l'ancienne ministre de l'Écologie sonne à New York. Elle voit s'afficher le nom de Jérôme Bonnafont, conseiller spécial d'Édouard Philippe à Matignon. Il est missionné pour sonder ses intentions alors que se prépare un important remaniement. L'encore Premier ministre, qui ignore que son sort est scellé, réfléchit à l'armature d'un nouveau gouvernement. «Édouard aime beaucoup Nathalie, il pense que c'est une autre voix», expose son ancien conseiller en communication, Charles Hufnagel[8].

8. Entretien avec les auteurs, le 22 octobre 2020. Il a rejoint le groupe Carrefour, dont il pilote la communication.

«On voulait savoir où tu en étais par rapport à la vie politique. Ça t'intéresse toujours?» l'interroge Bonnafont. Au téléphone, «NKM» se montre dubitative. Elle vient d'emménager dans l'Upper East Side, quartier chic et résidentiel de Manhattan, pour se rapprocher de son job. L'affaire est mal engagée.

D'autant que deux figures de poids mettent rapidement leur veto. Nicolas Sarkozy le premier, qui n'a jamais digéré qu'elle se présente face à lui à la primaire. Et Emmanuel Macron, qui n'a pas aimé les manières de l'ancienne ministre après son arrivée au pouvoir. Dont ce SMS culotté qu'elle lui aurait adressé : «Si je suis nommée Premier ministre, je rejoins la majorité.» «Il n'a pas du tout apprécié ses méthodes, surtout qu'elle avait refusé par péché d'orgueil d'être soutenue par LREM aux législatives à Paris, considérant qu'elle pouvait gagner seule», raconte un témoin des discussions. En présentant un candidat face à elle, le futur patron des députés LREM Gilles Le Gendre, la macronie a préféré l'éliminer.

«Jeune, inodore et incolore»

Dans la dernière ligne droite du quinquennat, les esprits s'échauffent chez les ministres et macronistes issus de la droite. Comme ils en ont l'habitude, Gérald Darmanin, Sébastien Lecornu et Thierry Solère ont réservé une semaine de vacances pour partir ensemble au mois d'août 2021. Direction la Toscane, avec ses oliveraies à perte de vue et ses vignobles de chianti. Que vont-ils devenir après la présidentielle si Emmanuel Macron n'est pas réélu? «Si la droite gagne, ce sera le goudron et les plumes!» frémit un de leurs conseillers, conscient des plaies encore béantes chez les Républicains, qui ne leur ont jamais pardonné leur trahison. «Et même si Macron gagne, il peut se passer de nous. On l'a intégré. Se faire dégager après cinq ans passés dans un ministère, on ne peut pas dire qu'on aura été maltraités», philosophe, lucide, l'un des trois compères, en expliquant qu'une «autre vie est possible». Loin de la politique? «Gérald n'est pas le genre de gars à ne pas avoir d'ambitions!» sourit un élu qui le soupçonne de convoiter Matignon, voire de viser l'Élysée en 2027. «Édouard Philippe aurait tort de croire que, une fois passé les élections de 2022, un chemin pavé de roses l'attend pour la présidentielle suivante.»

Le ministre de l'Intérieur sait qu'on lui reprochera toujours ses fidélités successives, contradictoires sur le papier, avec Nicolas Sarkozy, Xavier Bertrand et Emmanuel Macron. Constamment suspecté de haute trahison, il se voit obligé d'adresser des preuves régulières de loyauté. «C'est comme si on demandait aux harkis de chanter trois fois *La Marseillaise*! Il a le droit d'avoir un ami qui s'appelle Xavier Bertrand», défend un confident du président, agacé de ce mauvais procès. Le locataire de l'Élysée n'est pas mécontent de pouvoir l'agiter sous le nez de son rival des Hauts-de-France. «Darmanin, c'est notre otage», se gausse un Marcheur. Un autre achève, cruel: «Où qu'il aille ensuite, Gérald se fera égorger.» En privé, Nicolas Sarkozy masque à peine ses réserves sur le potentiel de celui qui fut pourtant son directeur de campagne pour la primaire de 2016, et avec qui il est resté en lien étroit pendant tout le quinquennat. Jusqu'à cette confidence acide: «Je le trouve jeune, inodore et incolore.» En macronie comme en sarkozie, la trahison n'est pas toujours récompensée.

QUATRIÈME PARTIE

L'HEURE DES DOUTES

11

La revanche du « petit Chose »

Quand Xavier Bertrand se rend à Paris, il prévoit souvent une délicate attention pour ses hôtes : des macarons en sachet de la maison Trogneux d'Amiens, qui a remis au goût du jour cette spécialité picarde du XVIe siècle. Un hommage aux produits locaux des Hauts-de-France, et un clin d'œil politique : les maîtres chocolatiers sont connus pour appartenir à la famille de Brigitte Macron. « Je suis très ami avec Jean-Alexandre Trogneux [*NdA* : neveu de la première dame et arrière-arrière-petit-fils du fondateur de l'enseigne]. Certains me le reprochent, d'ailleurs ! » explique avec un plaisir coupable le candidat à l'Élysée, en proposant le plus naturellement du monde son offrande au moment des civilités.

En 2016, après sa première élection aux commandes du conseil régional, l'idée lui est venue de promouvoir un produit gastronomique labellisé. Il se rapproche de l'institution pour lancer un « macaron des Hauts-de-France » dérivé de l'original, à base de spéculoos et de cassonade. La gourmandise rencontre un vif succès. « Ils font 20 % de leurs ventes rien qu'avec ce macaron ! » se targue-t-il, pour souligner qu'il ne serait pas totalement étranger à la *success story* de l'entreprise de la belle-famille du président. Entre l'ancien ministre de Nicolas Sarkozy et le chef de l'État, tous deux picards, la guerre se joue sur tous les tableaux. Elle va être totale.

« Il est foutu ! »

Leur premier accrochage est resté confiné dans le secret des murs du Palais. À l'automne 2018, un épais dossier trône sur le bureau du chef de l'État : l'aciérie Ascoval de Saint-Saulve (Nord) risque de mettre la clé sous la porte. Sur ces terres déjà lourdement frappées par la désindustrialisation, 281 salariés sont menacés, et autant de familles. L'actionnaire principal, Vallourec, refuse de remettre de l'argent au pot et s'oppose au projet de reprise par la société franco-belge Altifort. L'État, propriétaire à 17 %, est sommé de prendre ses responsabilités.

Pas question de laisser ce dossier en souffrance : le président a programmé un long déplacement sur les terres du Grand Est et du Nord le mois suivant, pompeusement intitulé « itinérance mémorielle », à l'occasion du centenaire de la fin de la Première Guerre mondiale. En politique roué, Xavier Bertrand flaire l'occasion de déstabiliser celui qu'il entend vaincre en 2022 dans les urnes. Lui, l'ancien agent d'assurances, élevé dans un HLM de Troyes, élu face à Marine Le Pen dans la région au plus fort taux de pauvreté, se pose en porte-voix de la « France d'en bas » face à l'ancien banquier d'affaires et héraut de la « *start-up nation* ». Deux visages de la France que tout oppose.

Utilisant les médias comme tribune, Xavier Bertrand accuse. Il reproche au pouvoir de ne rien faire pour sauver Ascoval. Jusqu'à des prises de parole radicales. « Au bout d'un moment, on en a marre d'être pris pour des cons ! On sait exactement ce qu'ils sont en train de préparer, mais on ne se laissera pas faire. Si l'État prenait sa part, l'entreprise continuerait», mitraille-t-il dans l'hémicycle du conseil régional, allant jusqu'à reprocher au gouvernement de «préparer l'assassinat» de l'usine. À l'Élysée, le président découvre avec une colère froide ces diatribes qu'il juge dignes de Jean-Luc Mélenchon. «Il est écœuré par l'opportunisme sans limites de Bertrand», confie un proche. Il compte le lui dire en face, lors d'une rencontre au Palais consacrée à l'aciériste.

Leur premier tête-à-tête. Il est glacial. «Ça a tourné à l'engueulade, ça ne s'est pas bien passé du tout», confirme un fidèle de l'homme du Nord. «Mais tu me reproches quoi ?» entame Emmanuel Macron. «Ta phrase sur les "premiers de cordée". Ce n'est pas ça, la France !» attaque Xavier Bertrand. «Démagogie», peste le locataire de l'Élysée, qui martèle qu'on l'a mal compris, qu'il n'est pas coupé du pays. L'échange tourne à l'affrontement sur le climat social, reléguant le dossier Ascoval au second plan. «Ton augmentation du diesel, ça va mal finir. Il faut la retirer», alerte l'ancien ministre du Travail de Nicolas Sarkozy. Cet héritier de Philippe Séguin, qui se revendique du gaullisme social, sillonne le pays depuis des années à raison de plusieurs déplacements par semaine. Il sent que la France bouillonne. La crise des Gilets jaunes couve et nul ne se doute encore que la hausse de la taxe carbone décrétée par le gouvernement va allumer la mèche. «XB», comme le surnomment ses fidèles, a été frappé quelques mois plus tôt par les scènes de bousculade dans des magasins Intermarché suite à des promotions monstres sur des pots de Nutella. «Quand on a des mamans qui se battent pour offrir du Nutella à leurs enfants plutôt qu'une sous-marque, ça en dit long sur notre rapport au pouvoir d'achat et sur l'état de notre société », constate-t-il[1]. Il y décèle un inquiétant signe avant-coureur.

En quittant le Palais, qu'il aspire à conquérir, il appelle un ami. Son jugement sur le président est sans appel : « Macron est foutu ! Il ne comprend pas le pays. » Sur les ronds-points de l'Hexagone, l'occupation se prépare. « Sarkozy était rejeté, Macron est détesté, analyse Xavier Bertrand. Il a voulu enjamber les fractures françaises, mais sans les réparer. Les "premiers de cordée", ce n'est pas la France. C'est une connerie ! » cogne-t-il, convaincu d'avoir trouvé la martingale en s'adressant aux catégories populaires, quand Emmanuel Macron murmurerait à l'oreille des élites. Cet affrontement, il compte le mettre en scène.

Le 17 mai 2020 constitue le premier acte public de cette rivalité presque physique. Le chef de l'État a choisi Montcornet (Aisne), sur les terres du Nord, pour présider les commémorations du 80e anniversaire de la bataille durant laquelle Charles de Gaulle s'illustra au printemps 1940. Six jours après le premier déconfinement, Emmanuel Macron veut célébrer l'« esprit de résistance » et saluer le courage des Français, restés enfermés chez eux près de deux mois pour freiner le coronavirus.

« Une arnaque », s'étouffe Xavier Bertrand. Il n'entend pas laisser la statue du Général aux macronistes qui empiètent depuis trois ans déjà sur les plates-bandes de la droite. Le coup d'éclat intervient au terme de la cérémonie, quand le chef de l'État, chef des armées, passe en revue les troupes militaires et les élus locaux, au premier rang desquels le président de région. Stupeur du protocole élyséen : alors que tous les participants ont reçu la consigne de

1. Rencontre avec des journalistes, le 29 mars 2021.

retirer leur masque lors du passage du président, pour réserver de belles images aux journaux télévisés, Xavier Bertrand arbore le sien en évidence, la tête relevée en signe de défi. Les Français sont sommés de porter en tous lieux des masques chirurgicaux? Il n'entend pas s'accorder de passe-droit. Par deux fois, les conseillers du Palais le somment de l'ôter. «Pour moi, c'est hors de question!» les corrige-t-il, comme pour mieux souligner la faillite de l'État central dans la gestion des stocks de masques au pic de la crise sanitaire, ce qui a contraint les présidents de région à venir à la rescousse. Lorsqu'il était ministre de la Santé, il avait élaboré en 2006 le plan national de préparation au risque de pandémie grippale, constituant des stocks de centaines de millions de masques. Autant dire qu'il joue sur du velours. Et de faire la leçon au gouvernement devant la presse locale : «Regardez, les gens discutent, ils sont à moins d'un mètre! Le port du masque, il faut y faire attention.» Quand le président arrive à sa hauteur, le face-à-face est d'une extrême froideur. «Les gens ont été remarquables. Comme à une époque, c'est le peuple qui tient. C'est les gens», toise l'élu de l'Aisne. «Il a voulu faire son petit coup médiatique, une pure mise en scène. Ce n'était pas à la hauteur», étrille Emmanuel Macron devant ses ministres après coup. Xavier Bertrand a marqué un point. «Garder son masque à Montcornet, c'était une façon de dire à Macron: "Regarde-moi là où tu as péché"», décrypte l'un de ses soutiens.

Dans l'ombre

Leur relation aurait pourtant pu prendre un tout autre tournant. Le 1er mai 2017, entre les deux tours de la présidentielle, le candidat En marche fait salle comble pour son dernier grand meeting de campagne à la Villette (Paris XIXe). Sur scène, une bâche tricolore monumentale a été dressée, frappée du slogan : « Ensemble, la République ! » Pour la deuxième fois sous la Ve République, la famille Le Pen s'est qualifiée au second tour. Devant plus de 12 000 supporteurs, Emmanuel Macron lâche les coups contre celle qu'il rebaptise « l'héritière », et le Front national, « parti de l'anti-France ». « C'est le parti des agents du désastre, les instruments du pire, l'extrême droite française est là. Ils guettent depuis si longtemps l'effondrement que nous vivons pour en tirer profit, cingle-t-il. Ils utilisent la colère, ils propagent le mensonge. Depuis des décennies, ils attisent la haine, fomentent les divisions, imposent leur discours de discrimination. » Chantre du dépassement des clivages partisans, il harangue l'opposition de droite, lui rappelant sa « lourde responsabilité » alors que l'extrême droite est aux portes du pouvoir.

Dans les états-majors politiques, nul n'ignore cependant que le jeune ambitieux va l'emporter. Au regard des reports de voix du premier tour, il sait déjà qu'il sera président. Au premier rang, ses fidèles applaudissent, du centriste François Bayrou au maire socialiste de Lyon Gérard Collomb, en passant par le sénateur Les Républicains Jean-Baptiste Lemoyne, qui a claqué la porte de la campagne Fillon deux mois auparavant pour le rejoindre. La recomposition politique est en marche.

Le presque chef de l'État envoie des premiers signaux pour composer son futur gouvernement. Quelques jours plus tôt, il tend la main dans un entretien à *Sud-Ouest*[2]. Promettant de ne pas reproduire l'erreur de Jacques Chirac, qui avait bâti en 2002 une équipe de ministres

2. Entretien à *Sud-Ouest*, le 27 avril 2017.

exclusivement issus de son camp après son élection face à Jean-Marie Le Pen, il esquisse un «large rassemblement allant de Jean-Yves Le Drian à Xavier Bertrand». Alors que les Républicains tergiversent sur leurs consignes de vote pour le second tour, il ne lui a pas échappé que le patron des Hauts-de-France a pris position dès le soir du premier tour, le 23 avril, appelant à voter en sa faveur «sans état d'âme et sans ambiguïté». Face au FN, Xavier Bertrand n'a jamais louvoyé. Emmanuel Macron comprend qu'il a un coup à jouer. «Il est prenable, il faut le sonder», intime-t-il à son plus fidèle lieutenant et ancien directeur de cabinet à Bercy, Alexis Kohler. Il a son idée : confier le poste de Premier ministre à une personnalité issue des Républicains, pour dynamiter le parti de l'intérieur. Et si le Picard était son homme ?

Un petit commando autour d'Alexis Kohler se charge de faire passer les premiers messages à l'ancien maire de Saint-Quentin, dès le lendemain du premier tour. Il pourrait récupérer un prestigieux fauteuil, lui serine-t-on. A-t-il tellement envie de passer cinq ans sur les bancs de l'opposition ? Pourquoi pas Matignon ? Xavier Bertrand est sceptique. «Je n'y crois pas, ce ne sera jamais moi, ce n'est pas possible», répond-il à l'un des entremetteurs de l'ombre, chargé de tester ses intentions. Un rendez-vous avec Emmanuel Macron est potentiellement envisagé. Xavier Bertrand ne connaît pas le candidat En marche, il ne l'a même jamais rencontré. Avant cette possible entrevue, des signes de loyauté lui sont demandés. Le 26 avril 2017, le président des Hauts-de-France réitère donc son appel à voter Macron au journal télévisé de 20 heures sur France 2. «Je le dis clairement, il faut voter pour Emmanuel Macron», répète-t-il sur le plateau de

David Pujadas. Face à Marine Le Pen, explique-t-il, « on n'a pas le droit d'être ambigu ».

Les tractations s'accélèrent. Xavier Bertrand, qui a encore sa carte à LR, insiste[3]. Il n'est pas disposé à se vendre à vil prix, lui aussi veut des garanties. Il ne veut plus d'intermédiaire, il tient à avoir un contact direct avec Emmanuel Macron. Il ignore qu'un autre aspirant est entré dans la danse, un certain Édouard Philippe. Peu connu du grand public, le député-maire du Havre, juppéiste canal historique, a été discrètement contacté. Les pourparlers avec Xavier Bertrand patinent. Alexis Kohler, futur secrétaire général de l'Élysée, le rencontre le 1er mai 2017, quelques heures avant le meeting de la Villette. Dans leurs rêves les plus fous, quelques Marcheurs ont imaginé un coup pendable : faire monter Bertrand sur scène en *guest-star*, en signe de ralliement. « L'idée, c'était de jouer l'union nationale. Ça aurait été un gros coup », raconte une petite main de la campagne. Le rendez-vous avec Kohler ne se révèle pas concluant. Jamais il n'est question de Matignon. Quant au candidat, il finasse et ne daigne pas recevoir Bertrand.

« Il se fout de ma gueule », confie l'élu de l'Aisne à ses soutiens. « Les discussions sont parties en vrille. Xavier voulait être reçu par Macron et ce n'est pas arrivé. Ça l'a braqué », résume un des négociateurs. « Il avait clairement le potentiel d'un Premier ministrable. Son nom était dans les hypothèses qui ont circulé, car, pour nous, il pouvait basculer. On avait en tête son discours au soir de son élection de 2015 à la région face à Marine Le Pen, grâce au front républicain : "J'ai changé, je sais ce que je dois à la gauche." Son nom a été évoqué, oui », confirme un macroniste du premier cercle. Cinq jours

3. Il a quitté Les Républicains le 11 décembre 2017.

après le sacre d'Emmanuel Macron, Xavier Bertrand douche définitivement toute tentative de débauchage dans un entretien au *Figaro* : «Je reste un homme de droite et j'ai d'importantes différences de fond.» Les échanges n'ont jamais abouti.

De ce rendez-vous manqué remonte la haine entre les deux hommes. Il explique pour partie la virulence qui nourrit chacune des interviews de l'ancien ministre sarkozyste à l'endroit du locataire de l'Élysée. «La genèse de cette détestation est là. Xavier a toujours eu le syndrome du mal aimé, du petit Chose. Que Macron lui fasse ce coup-là en ne le recevant pas, ça l'a remis dans le complexe. Il s'est senti humilié», traduit un protagoniste de l'affaire. «Il a eu le sentiment d'être maltraité, pris de haut. Quand on connaît un peu sa psychologie, c'est précisément ce qu'il ne fallait pas faire. C'est un mec qui s'est tellement battu pour sortir de son complexe d'infériorité dans la vie politique que le moindre mot de travers, la moindre attitude condescendante peut déclencher chez lui un puissant ressentiment», confirme l'un de ses *spin doctors*. Ce «snobisme», Xavier Bertrand, qui n'a pas fait l'ENA ni de grande école, assure le ressentir dans le regard que porte sur lui Emmanuel Macron : «On est peut-être de la même région, mais on ne vient pas du même monde.»

L'homme à abattre

«Je serai candidat. Je suis totalement déterminé», proclame Xavier Bertrand en mars 2021 dans les colonnes du *Point*. Il veut, jure-t-il, «battre Marine Le Pen», «tout faire pour rassembler les Français» et tourner la page du «centralisme parisien que symbolise Emmanuel Macron». Les Marcheurs accueillent la nouvelle avec le plus grand dédain, l'accusant de tambouriner la même rengaine depuis des mois. «J'ai l'impression d'être dans ce film avec Bill Murray [*NdA* : *Un jour sans fin*] où le journaliste se réveille tous les matins avec l'impression de revivre la même journée. Bertrand nous fait "Cinquante nuances" de candidature à la présidentielle», pique le porte-parole du gouvernement, Gabriel Attal. Six mois plus tôt, dans *Le Parisien*, le président des Hauts-de-France s'était déjà dit «plus déterminé que jamais». «Énième annonce de candidature de Xavier Bertrand. Rien de nouveau face aux crises», ironise alors le patron des députés LREM Christophe Castaner sur les réseaux sociaux. «Il ne déchaîne pas les foules. Vous avez déjà entendu quelqu'un dire : "Génial, Xavier Bertrand vient de se déclarer"?» grince la ministre déléguée à la Citoyenneté, Marlène Schiappa, dans les couloirs de Beauvau[4].

Au sommet de l'État, l'affaire est pourtant prise au sérieux. Le président n'ignore pas que Xavier Bertrand, de treize ans son aîné, est un rival tenace, sûrement le plus déterminé. «Il n'est pas très fort, mais il n'est pas suffisamment faible pour être méprisé, moque un ministre de droite. C'est un plat au four un peu classique : il propose moins d'impôts, plus de travail et de sécurité. Un peu de sel, un peu de poivre, une branche de laurier et un trait d'huile d'olive. On met ça au four à 220 degrés pendant quarante minutes et ça vous fait une côte de bœuf de droite classique. C'est rustique, mais ça peut faire le travail. En gros, vous ne faites pas 200 kilomètres pour aller

4. Déjeuner avec des journalistes, dont l'un des auteurs, le 19 octobre 2020.

dans un restaurant où on vous présente ça au menu, mais s'il n'y a que ça à manger, eh bien vous le mangez !»

Emmanuel Macron et Xavier Bertrand ne s'aiment pas. Ils cultivent l'un pour l'autre un souverain mépris. Le président n'apprécie pas davantage les hommes dont son rival s'est entouré pour conduire sa campagne. À commencer par Michel Bettan, vice-président exécutif de l'agence de communication Havas, son bras droit et ami depuis près de vingt ans. Cet homme de l'ombre, à l'épais carnet d'adresses, garde des antennes dans les ministères et pilote sa stratégie. Ironie de l'histoire, c'est lui qui a recruté Jean Castex comme directeur de cabinet de Bertrand au ministère de la Santé (2006-2007), où il occupait lui-même les fonctions de conseiller politique.

Mais il est un homme de l'équipe Bertrand que le président déteste entre tous : le banquier d'affaires Philippe Villin, conseiller de patrons du CAC 40. «Une fiente !» peste en privé le président, qui le suspecte d'avoir contribué aux rumeurs sur son homosexualité supposée pendant la campagne de 2017 et a édicté une fatwa à son encontre. Philippe Villin le lui rend bien. Il fera tout pour qu'il ne soit pas réélu. «Je n'ai jamais admis l'élection d'Emmanuel Macron, avoue-t-il franchement début 2021 dans *Le JDD*. Je veux donc qu'un vrai candidat soit là pour le battre. […] Pour moi, ce ne peut être que Sarkozy ou Bertrand.» Le candidat de droite a choisi cet homme pour organiser ses levées de fonds, en sachant pertinemment qu'il faisait là un bras d'honneur à Emmanuel Macron.

Méprisé par les Marcheurs, qui le regardent comme un «plouc de province» défiant Jupiter, Xavier Bertrand rit sous cape. Contrairement à beaucoup à droite, il n'a jamais pensé qu'Emmanuel Macron ferait deux quinquennats. Il regarde ce « nouveau monde » comme une « parenthèse » de l'Histoire. S'il a déclaré si tôt ses intentions, malgré les quolibets, c'est parce qu'il voulait installer le match dans l'esprit des Français, le rendre inéluctable. Une affaire d'impression rétinienne. « Quand on laisse deux personnes sur le ring longtemps, les gens s'habituent à cette affiche et le match arrive, qu'il plaise ou non », dévoile-t-il.

Avant d'affronter le président, une autre épreuve l'attend. En annonçant sa candidature à l'Élysée à la veille des régionales de juin 2021, il joue à quitte ou double. « Si je perds la région, ma vie politique est terminée », promet-il publiquement. Pour les macronistes, il devient l'homme à abattre. Le président somme les siens de ne plus le ménager : « Il faut changer de ton maintenant. Feu ! » Les ministres, à commencer par ceux de droite, qui étaient priés de se tenir loin de l'arène politique, sont autorisés à rendre les coups. C'est Bruno Le Maire, ancien collègue de Bertrand dans le gouvernement Fillon, qui épingle sa proximité idéologique avec la macronie sur les questions économiques et sociales. « Il ferait un excellent ministre de l'Économie d'Emmanuel Macron ! » raille le pensionnaire de Bercy sur BFM TV. L'attaque fait du bruit, mais ne ravit pas l'Élysée. « Ça crédibilise Bertrand ! » Plus tard, c'est Olivia Grégoire, secrétaire d'État à l'Économie sociale et solidaire, puncheuse de la majorité, qui s'efforce de le ringardiser. « Ça fait vingt-six ans qu'il est élu. Il a été ministre de la Santé, de l'Emploi. Pour comprendre comment on en est arrivé là, il faut aussi regarder le passé. » Une consigne d'Emmanuel Macron, qui se plaît à rappeler que ses adversaires à droite sont dans le circuit depuis près de trente ans et portent leur part de responsabilité dans l'état du pays. «Il a été ministre du Travail au moment où la France a connu la plus grosse explosion du chômage», embraye dans *Le Figaro* Christophe Castaner. Le chef des députés LREM, qui a ses habitudes à l'Élysée, a été chargé par le président d'établir un tableau de bord des déclarations quotidiennes des candidats potentiels à la présidentielle, de Xavier Bertrand à Jean-Luc Mélenchon et Anne Hidalgo, afin de les suivre à la trace et de conduire la riposte. Il en fait la synthèse chaque jour au chef de l'État. Pour contrer Bertrand, les régionales vont constituer une occasion idéale. L'objectif: l'abîmer, sans le tuer.

La campagne du Nord

Au printemps 2021, la macronie profite du scrutin pour mener une nouvelle opération dynamitage de la droite. Le patron des Hauts-de-France, au coude à coude avec le candidat RN Sébastien Chenu dans les sondages, en est la cible numéro un. Il s'agit de le fragiliser en lui imposant une alliance contre nature avec LREM au soir du premier tour. Un baiser de la mort, qui nuirait à sa candidature à l'Élysée. Un refus signerait assurément sa défaite, parient les stratèges du président, sûrs de leur fait. Ils envoient quatre poids lourds du gouvernement épauler la tête de liste, le secrétaire d'État aux Retraites Laurent Pietraszewski, à la peine. Parmi les renforts, la star du barreau Éric Dupond-Moretti, devenu ministre de la Justice, et le ministre de l'Intérieur Gérald Darmanin.

Le garde des Sceaux est un enfant du Nord, natif de Maubeuge. Fraîchement entré en politique, il piaffe de faire ses premiers pas en campagne. L'idée de le propulser à la tête de la liste régionale est, à sa demande, étudiée. Le président écarte l'hypothèse, inquiet qu'il ne se brûle les ailes : «Il n'est pas encore mûr. Il ne faut pas me l'abîmer dans la perspective de 2022.» Il aura besoin de lui pour la présidentielle face à Marine Le Pen. Le cas Darmanin est autrement plus retors. Il était le directeur de campagne de Bertrand lors du scrutin régional de 2015. Emmanuel Macron connaît leur lien d'amitié. Mitterrandien à ses heures, le président demande en personne à son ministre de s'engager, officiellement pour attaquer le Rassemblement national. Darmanin accepte à contrecœur, à la condition d'être avant-dernier sur la liste, en position non éligible. En vérité, il s'agit d'un test de confiance. On attend de lui qu'il porte le fer contre son propre ami. «Le problème de Darmanin, suspecte un Marcheur, c'est qu'il a gardé la double nationalité. Qui nous dit qu'il ne rejoindra pas un jour son copain ?»

Ce plan anti-Bertrand a été minutieusement échafaudé depuis l'Élysée par le président et ses têtes pensantes : le secrétaire général Alexis Kohler, l'ancien ministre de l'Intérieur Christophe Castaner, ou encore le conseiller politique Stéphane Séjourné. «L'idée n'est pas de tuer Bertrand, mais bien de le foutre dans la merde. Il faut qu'il soit poli avec nous», décrit l'un. Au risque de voir le RN s'emparer de la région, les macronistes jouent aux apprentis sorciers en proclamant qu'ils maintiendront leurs candidats coûte que coûte au second tour, afin de contraindre Bertrand à pactiser avec eux. Bravache, celui-ci rétorque qu'«il ne fera aucune alliance». «Emmanuel Macron est un calculateur froid, un destructeur. Il est parfaitement lucide sur le rejet dont il est l'objet. Il pense que sa seule chance de l'emporter – il se trompe en cela – c'est de n'avoir en face de lui que Marine Le Pen, accuse-t-il dans *Le Figaro*. Pour cela, il lui faut briser la droite.»

Dès les premières semaines de campagne, la liste Macron prend l'eau. Éric Dupond-Moretti se fait épingler à coller des affiches de campagne avec une montre de luxe au poignet. Dans une région où le taux de chômage est l'un des plus élevés de France, l'image fait figure de provocation. Dans le huis clos du petit déjeuner de la majorité à Matignon début juin, les vieux briscards alertent. «C'est bien joli les théories mais, sur le terrain, les choses se passent rarement comme on l'avait prévu. Attention au retour de bâton!» s'alarme le président de l'Assemblée nationale Richard Ferrand. «La stratégie a été mal pensée, on est en train de se gaufrer», prophétise le patron des sénateurs LREM, François Patriat. Le candidat Bertrand se délecte. «Je n'ai aucun doute sur le fait que je vais gagner, et facilement. Ils n'ont rien compris. M'envoyer autant de ministres dans la région, ça m'a au contraire renforcé. Sur le terrain, les gens me font un accueil de dingue. C'est contre-mobilisateur pour la majorité», confie-t-il à la veille du premier tour.

Les urnes lui donnent raison. Avec 41,4 % des voix, il devance largement le RN à 24,4 %. La liste de la majorité présidentielle est balayée, reléguée à 9,13 %. Pas même en position de se maintenir au second tour, encore moins de lui dicter ses conditions. Plus qu'une douche froide, une déculottée. «Macron a voulu jouer, il a perdu!» savoure Xavier Bertrand peu avant 20 heures dans le secret d'une réunion avec ses colistiers, dans son ancien fief de Saint-Quentin. Dans le match qui l'oppose au président, il vient de remporter la première manche. À plate couture.

Cet obstacle sur sa route levé, il doit maintenant convaincre son camp de le choisir comme candidat, en court-circuitant toute idée de primaire ouverte aux électeurs de droite. Et le chemin passe par Miromesnil.

« Mon ami Xavier »

Avec Nicolas Sarkozy, le passif est lourd. Le 20 janvier 2021, Xavier Bertrand pousse la porte cochère du « 77 », où l'ancien président l'attend pour un déjeuner de réconciliation. Tous deux gardent en mémoire ce repas organisé sept ans plus tôt, début 2014, où ils se sont livré leurs quatre vérités. Blessé d'avoir été mis de côté pendant la campagne présidentielle de 2012, vexé d'avoir été oublié lors du meeting géant du Trocadéro du 1er mai, froissé que l'Ex lui ait préféré François Baroin comme Premier ministre s'il avait été réélu, l'élu de l'Aisne défie son ancien patron : « Je ne serai plus jamais ton ministre ! » lâche-t-il en fin de repas, avant de régler l'addition pour solde de tout compte. Nicolas Sarkozy a peu goûté ces velléités d'indépendance.

« Si tu veux rassembler la droite et espérer gagner en 2022 face à Macron, il y a une case que tu dois d'abord cocher : te rabibocher avec Sarko. Il faut que tu le voies, tu n'as pas le choix », le presse l'ancienne garde des Sceaux Rachida Dati, peu avant leurs retrouvailles.

En sept ans, les cheveux ont blanchi, les rides ont creusé leur sillon, les tempéraments impétueux se sont assagis. Jamais ces deux hommes ne seront de grands complices. Ils se ressemblent tellement, pourtant. On ne leur a jamais rien donné. Ils se sont construits en politique dans l'adversité sans être des héritiers, ont tout conquis seuls, nourrissant leur ambition au service d'une seule cause : accéder un jour à l'Élysée. C'est, chez eux, un puissant point commun. Ils ont toujours lutté, y compris dans leur famille politique, pour s'imposer.

« Tout ce qu'on dit contre moi en ce moment, ça ne te rappelle rien ? C'est quand même de la petite bière par rapport à ce que tu as eu!» l'entreprend Bertrand lors du déjeuner. «Quand je pense que je me suis coltiné en 2006 les débats de l'UMP avec Michèle Alliot-Marie et Rachid Kaci... Les chiraquiens ont tout fait pour me mettre des bâtons dans les roues», se souvient Sarkozy. Une primaire, humiliante, qui ne disait pas son nom. Le mépris de classe, ils l'ont vécu dans leur chair. L'ancien président reste estomaqué de cette une que l'hebdomadaire *Marianne* a osé publier en 2004, barrée de cette question : «Sarkozy est-il fou?» Il est encore meurtri qu'on l'ait traité d'inculte pour avoir critiqué *La Princesse de Clèves* de Mme de La Fayette. «À l'époque, on disait que j'étais physiquement et psychologiquement inapte à être président. On ne m'a rien épargné», rappelle l'Ex à son hôte du jour.

«Xavier, c'est la vraie France, pas celle des intellos et des technos de Paris. Il a grandi dans un HLM, il sait ce que vivent 80 % des Français, il sait de quoi il parle, il a ça au fond de lui. Ce n'est pas un mec qui habite Versailles ou le XVIe arrondissement de Paris, il vit avec ses compatriotes dans un immeuble normal de Saint-Quentin», explique un proche de l'homme du Nord. Un ami commun de Bertrand et Sarkozy philosophe, pour expliquer les anicroches qui ont souvent émaillé leur relation : «Il arrive que plus on se ressemble, moins on se comprenne.»

En ce début d'année 2021, les deux hommes s'accordent au moins sur un point : Emmanuel Macron n'est pas assuré d'être réélu. Xavier Bertrand paraît le mieux placé à droite pour déjouer le match annoncé avec Marine Le Pen. En vieux sage, Nicolas Sarkozy lui prodigue ses conseils. «La qualification pour le second tour de la présidentielle se jouera à 20 %. Si les sondages te donnent à 18 % à l'automne, tu t'imposeras, lui glisse-t-il. Quand un président en fin de mandat se représente – et je suis bien placé pour le savoir –, il descend dans les sondages. S'il baisse et que tu es à 18 %, le système te fera monter, car il y aura match. » L'échange dure plus d'une heure. Tout y passe, de la crise sanitaire à la primaire de la droite dont le Picard ne veut pas entendre parler. Jusqu'aux vieux souvenirs de la campagne victorieuse de Nicolas Sarkozy en 2007, quand Xavier Bertrand était son porte-parole avec Rachida Dati.

En petit comité, l'ancien président en convient : « Xavier a faim, il en veut. » Bertrand entend faire de cette détermination sa meilleure arme : « J'ai conscience que c'est un marathon qui finira par un sprint. Je n'ai peut-être pas un physique de grand sportif, mais je me suis préparé, expose-t-il, convaincu d'être le mieux placé. Si la question est de savoir qui en a plus envie que moi, ne cherchez pas : il n'y en a pas. Si la question est de savoir qui est le mieux préparé que moi : il n'y en a pas non plus. Donc, s'il y avait une autre alternative que moi, vous l'auriez trouvée. »

L'ancien président pourrait-il lui apporter son soutien ? « Du bout des lèvres, comme François Mitterrand avait soutenu Lionel Jospin en 1995 », sourit un vieil ami de Nicolas Sarkozy. Il ne veut surtout pas se mêler de la compétition interne à la droite et prend soin de ménager tous les candidats en lice qu'il reçoit à tour de rôle dans ses bureaux. Il n'entend pas être instrumentalisé. Cela n'interdit pas quelques amicales paroles. Le 22 septembre 2021, deux jours après avoir de nouveau reçu Bertrand à déjeuner, l'ancien président remet la Légion d'honneur à la maire LR de Calais, Natacha Bouchart. Xavier Bertrand est présent, en tant que président de région. La cérémonie achevée, l'Ex est assailli de questions sur le match qui bat son plein chez les Républicains pour choisir un candidat. Sans accorder de soutien explicite, il a ces mots : «Xavier est un ami. J'ai beaucoup d'amitié pour lui, depuis très longtemps. Il a été pour moi un très bon ministre, un ami fidèle à des moments qui étaient difficiles. Nous avons des liens très anciens.»

L'hommage va droit au cœur de son ancien ministre. Lequel, en privé, n'est pas dupe : «Il ira vers celui qui sera le mieux placé.»

12

L'« orgueil » d'une femme

C'est le 22 mai 2018 qu'est née chez elle la conviction qu'elle devait se lancer à la conquête de l'Élysée et devenir la première femme cheffe de l'État. À l'instant précis où elle a entendu Emmanuel Macron humilier Jean-Louis Borloo, devant plusieurs centaines de convives réunis dans la salle des fêtes du palais présidentiel, jetant aux orties le plan banlieue qu'il avait patiemment concocté. Avec cette phrase, qu'elle garde en travers de la gorge : « Ça n'aurait aucun sens que deux mâles blancs, ne vivant pas dans ces quartiers, s'échangent un rapport. Ça ne marche plus comme ça. » Dans le public, l'ancien maire de Valenciennes, père de la rénovation urbaine en France, encaisse le coup. Intérieurement, il bout. Devant son écran, Valérie Pécresse enrage. Elle se sent méprisée. Insultée. Ravalée à son statut primaire de « femelle blanche », comme si on l'avait priée de se taire. Alors que quelque six cents élus, responsables associatifs et figures des quartiers, jusqu'à l'humoriste controversé Yassine Belattar, ont été conviés, le chef de l'État n'a même pas pris la peine de lui adresser un carton d'invitation. Elle, la présidente de la première région de France. Elle, qui a fait du déménagement du conseil régional francilien à Saint-Ouen, au cœur du «9-3», le symbole de son début de mandat. Elle, qui s'est assigné pour mission de «casser les ghettos». Elle qui, née un 14 juillet, jour de fête nationale, a choisi de porter haut le combat contre les atteintes à la laïcité et la ségrégation sociale, que sa famille politique a délaissé.

«Quand Emmanuel Macron a jeté le plan Borloo à la poubelle, je me suis dit : "Il n'écoute pas." J'ai installé le conseil régional en Seine-Saint-Denis. Le séparatisme, l'intégration, les banlieues, je m'en préoccupe. Je suis une figure singulière à droite. Quand tu vois que personne ne défend tes idées, tu te lèves et tu y vas!» confie-t-elle pour expliquer les prémices de sa candidature[1].

Invitée sur Europe 1 le week-end qui suit la tirade présidentielle sur les «mâles blancs», elle cogne : «Il ne faut pas ouvrir la porte au communautarisme qui est une gangrène de la société. Racialiser le propos politique, c'est plus qu'une erreur, c'est dangereux. Je suis une femelle blanche, je revendique d'avoir quelque chose à dire sur les quartiers populaires.»

Maintes fois, elle a tendu la main à Emmanuel Macron. Au début de son mandat, le président la reçoit une fois par an en tête à tête pour évoquer les réformes à venir et les projets en cours pour l'Île-de-France. À huis clos, ils se tutoient; jamais dans les cérémonies officielles. La relation est courtoise, quoique distante. Ils se connaissent peu.

Leur première rencontre remonte à février 2016, lorsque François Hollande convie les nouveaux présidents des treize superrégions de métropole, élus deux mois plus tôt, à une grand-messe pour les enrôler dans sa

1. Entretien avec l'un des auteurs, le 31 août 2021.

bataille pour l'emploi et l'aider à tenir sa folle promesse d'inverser la courbe du chômage. L'heure est à l'entente cordiale, le président socialiste est disposé à étendre leurs compétences en matière de formation et d'apprentissage. Avec le recul, l'image est saisissante : assis côte à côte à Matignon, Valérie Pécresse et Xavier Bertrand font face aux principaux ministres, dont Emmanuel Macron, qui arbore le sourire indéchiffrable de celui qui prépare une mauvaise farce. Un déjeuner est prévu dans la foulée à l'Élysée. Pour faire le trajet entre les deux rives de la Seine, chaque ministre convoie un élu dans sa voiture de fonction. Valérie Pécresse grimpe dans celle du ministre de l'Économie, qui n'est encore que ce trublion iconoclaste qui casse les codes à gauche. Quelques jours plus tôt, un sondage Odoxa pour *Le Parisien* l'a pour la première fois testé en lieu et place de François Hollande comme candidat… du Parti socialiste. Déjà crédité de 22 % des intentions de vote au premier tour, il figure juste derrière Marine Le Pen. Dans le véhicule, rien ne transparaît des ambitions élyséennes du jeune homme, poli et avenant. Seuls à bord, Pécresse et Macron discutent réformes. Entre ces deux énarques que onze années séparent, les désaccords sont rares, si ce n'est une divergence majeure sur les dossiers régaliens.

L'illusion, entre eux, va durer un peu plus de deux ans. Après son élection de 2017, elle le prend au mot. Le nouveau président veut transcender les clivages, faire travailler ensemble les élus de bonne volonté ? « Il faut casser les ghettos, j'y suis prête », lui propose-t-elle lors d'un entretien à l'Élysée, lui soumettant son idée de fixer un maximum de 30 % de logements sociaux. Un autre jour, elle le presse de travailler avec les présidents de région, fussent-ils de droite. « J'ai cinquante ans, je fais de la politique pour faire. Pour ta réélection, rien de tel que des chiffres du chômage qui baissent. Fais-nous confiance, on t'aidera ! Donne-nous les moyens. » C'est méconnaître la défiance du président envers ces grands élus, qui brassent comme lui des milliards à la tête d'immenses collectivités et sont comme lui désignés au suffrage universel direct par des millions d'électeurs. Autant de rivaux potentiels qu'il convient de neutraliser. Rapidement, elle déchante. Il ne donne pas suite à ses propositions. Leurs rendez-vous s'espacent. « Il ne supporte pas qu'il y ait dans ce pays des hommes et des femmes qui ont une expérience et une assise politiques. Il nous a traités en adversaires plus qu'en partenaires. J'ai été constructive du début à la fin, j'ai essayé de faire passer la région avant tout », regrette-t-elle.

De ce jour du printemps 2018 où le président l'a si mal traitée, la « femelle blanche » a cessé tout tutoiement. Elle lui donne depuis du « Monsieur le Président » lorsqu'ils se croisent quelques minutes pour des célébrations. Il s'est créé, tout seul, une tenace ennemie. Comme avec Xavier Bertrand, l'histoire aurait pu s'écrire différemment.

« Madame Moi-Je »

La misogynie ordinaire, Valérie Pécresse l'a souvent affrontée au fil de sa carrière, dans un monde politique toujours imprégné par le patriarcat. Ce sont ses adversaires qui la croquent en Versaillaise pincée, trop raide et trop techno. « Pécresse, c'est la droite serre-tête », grince-t-on dans les couloirs de LR. C'est cet important ministre qui met en doute ses divergences de fond avec le président : « Valérie, c'est Macron avec une jupe ! Elle a moins de gnaque, moins de folie, mais idéologiquement, c'est la même chose. » Ou ce membre du gouvernement en cour au Château qui s'interroge sur ses compétences et épingle sa supposée suffisance, reproche souvent adressé aux femmes de tête : « J'ai toujours pensé qu'elle était légèrement survendue, un peu scolaire. Elle a une grande confiance en elle, une certitude de sa supériorité, un côté très égocentré. Pécresse, c'est moi, ma pomme et mon nombril. »

À leur décharge, il lui arrive de jouer à outrance de sa féminité. En mai 2015, en campagne pour les régionales, elle s'affiche en gants et tee-shirt jaunes, une pelle à la main, dans un ancien camp de Roms d'Aulnay-sous-Bois (Seine-Saint-Denis). Face caméra, elle sombre dans le cliché : « Il faut une femme pour faire le ménage ! » La formule sonne comme un slogan. Censée démontrer sa détermination à assainir la région, elle fait hurler. « Quand Marine Le Pen le dit, c'est viril. Quand Ségolène Royal le dit, c'est moderne. Quand c'est moi, c'est réac ! Je demande à être jugée sur mes actes », plaide-t-elle.

C'est devenu, chez elle, un puissant moteur. Longtemps, on l'a regardée comme une docile numéro deux. Nicolas Sarkozy, qui a fait de cette ancienne conseillère de Jacques Chirac sa ministre de l'Enseignement supérieur et de la Recherche, avant de lui confier le Budget, la considérait comme une parfaite exécutante sans grand charisme. Une de ces « bac +18 » qui lui donnent des complexes : bachelière à seize ans, diplômée d'HEC et de l'ENA, numéro deux de la promotion Condorcet. « Il l'appelait "Madame Moi-Je". Il la trouvait obsessionnelle, mais ça le rassurait. Il la voyait comme une techno chiante et sans aspérités, une bonne élève », se remémore un lieutenant sarkozyste.

Pour sa première tentative d'élection en Île-de-France en 2010, elle essuie les coups bas de son propre camp.

Alors même qu'elle est triomphalement élue cinq ans plus tard à force de ténacité, l'ancien président peine toujours à reconnaître sa performance. « Elle a pris le melon, elle ne passe plus sous l'Arc de triomphe ! moque Nicolas Sarkozy devant ses visiteurs. Il faut lui dire qu'elle s'occupe des bus ! »

Sa pugnacité, pourtant, finit par forcer son respect. En octobre 2019, il lui remet en personne la Légion d'honneur. Comme le veut l'usage, c'est elle qui a désigné la personnalité qui allait l'épingler. Elle aurait pu lui préférer Alain Juppé, dont elle est proche. Elle choisit Nicolas Sarkozy qui l'a faite ministre. Touché, ce grand affectif prononce un discours en forme d'adoubement. « Nous avons le même moteur, celui de l'engagement. Je ne peux pas en dire autant de certains membres de ma famille politique… Je te souhaite le plus fort, le plus haut, Valérie. Quitte à rêver, autant rêver grand, je sais que tu peux y arriver ! » l'invite-t-il devant la petite foule réunie au rez-de-jardin du siège du conseil régional. Puis, prenant un ton plus velouté : « Tu t'es construit une carapace pour te protéger. Montre-toi telle que tu es et les Français t'aimeront. » Comme un passage de témoin, un encouragement à viser les sommets.

Il n'en pense rien, cependant. En son for intérieur, Nicolas Sarkozy ne conçoit pas qu'on puisse lui succéder. Lorsque arrive jusqu'à lui la rumeur de la prochaine candidature à l'Élysée de son ancienne ministre, il a ces mots, paternalistes : « Elle est sérieuse, Pécresse. Mais qu'elle puisse penser à la présidentielle, ça en dit long. »

Durant tout le quinquennat, elle doit batailler contre une rumeur tenace, alimentée à dessein par le premier cercle macroniste : le président songerait à elle pour Matignon. Officiellement, elle jure qu'il n'en est pas question. Des manœuvres d'approche ont pourtant bien lieu pour sonder ses intentions, conduites par des intermédiaires. Durant la campagne des européennes du printemps 2019, Emmanuel Macron observe avec intérêt son malaise grandissant face à la ligne droitière imprimée par Laurent Wauquiez aux commandes des Républicains, qu'il dirige d'une main de fer. La désignation de François-Xavier Bellamy, professeur de philosophie notoirement hostile à l'interruption volontaire de grossesse, pour porter les couleurs du parti la révulse. Tout comme elle ne tolère pas de voir Laurent Wauquiez, lors d'une manifestation des Gilets jaunes dans son fief du Puy-en-Velay (Haute-Loire), enfiler brièvement une chasuble jaune en signe de soutien. « On devrait être le parti de l'ordre », tonne-t-elle. Pire, la chiraquienne voit la digue avec le Rassemblement national se fendiller un peu plus chaque jour. Avec sa famille politique, qu'elle juge « recroquevillée », « rétrécie », « complètement buissonnisée », le fossé se creuse. Un jour qu'il la croise, le président la toise : « Alors, que fais-tu encore à LR ? Quand est-ce que tu pars ? » Après le désastre des européennes, qui voit le parti plonger sous la ligne de flottaison des 10 %, Valérie Pécresse appelle publiquement Laurent Wauquiez à rendre les clés et à démissionner. Elle claque la porte pour se mettre à son compte aux commandes de son propre mouvement : « Libres ! »

À l'Élysée, Emmanuel Macron se délecte de cette nouvelle fracture à droite. Peu importe que la présidente de l'Île-de-France l'attaque dans les médias, dénonçant sa « main qui tremble » sur les questions migratoires et réclamant un « choc d'autorité », il la pense mûre pour le rejoindre. Après avoir récupéré Édouard Philippe, Bruno Le Maire et Gérald Darmanin, il a dressé la liste des nouvelles cibles qu'il souhaite capturer, dont ses conseillers égrènent les noms aux oreilles des journalistes pour déstabiliser l'opposition. « On peut aller chercher Renaud Muselier en PACA, Jean Rottner dans le Grand Est, Christian Estrosi, Guillaume Larrivé et Valérie Pécresse. Elle est récupérable ! Elle pourrait devenir Premier ministre, selon les circonstances. Elle fera partie du casting, comme Xavier Bertrand, murmure un conseiller du Palais au mitan du quinquennat. Ce sont des gens qui, sur le fond, ne sont pas très éloignés de nous. Le président ne veut pas tuer la droite, il veut juste prendre les bons. »

L'ancienne ministre a une sérieuse corde à son arc : elle est une femme, au moment où le pensionnaire du Palais affronte un procès en misogynie. « Candidat féministe » autoproclamé en 2017, Emmanuel Macron s'était engagé à faire de l'égalité entre les femmes et les hommes un grand chantier de son mandat et à nommer, dans la mesure du possible, une femme à Matignon[2]. Des paroles vite oubliées ? Son cabinet restreint à l'Élysée a de faux airs de *boys club*, tant les conseillères y sont sous-représentées. Lorsque des postes clés de la République se libèrent, ses compagnons de la première heure sont souvent promus au détriment des candidates féminines. À l'instar de Richard Ferrand, préféré pour la direction de l'Assemblée nationale à l'écologiste Macron-compatible Barbara Pompili et à la présidente LREM de la commission des lois Yaël Braun-Pivet. Et ce malgré l'affaire des Mutuelles de Bretagne, qui avait contraint Ferrand à quitter le gouvernement quelques jours après sa nomination au ministère de la Cohésion des territoires[3].

2. Une femme à Matignon, « c'est plutôt mon souhait », déclare le candidat Macron le 8 mars 2017 à l'occasion de la Journée internationale des droits des femmes.

3. Dans cette affaire, Richard Ferrand clame son innocence.

Quand la question de désigner un successeur à Édouard Philippe se pose au printemps 2020, le nom de Valérie Pécresse, auréolée de sa bonne gestion de la crise sanitaire dans la région capitale, revient naturellement dans les discussions. Emmanuel Macron écarte cette idée. Sa sentence ne souffre pas la contestation : « Je n'ai pas confiance en elle. » Il craint que leur tandem ne vire à la cohabitation. « Il y a eu des discussions. Il a joué avec elle, regrette un pécressiste au fait des tractations. Elle aurait accepté le poste et lui aurait cassé la droite grâce à elle. Son problème, c'est qu'il la regarde comme une petite technocrate. Il la laisse grandir, quelle erreur ! Si jamais il se retrouve face à elle au second tour de la présidentielle, il sera balayé et ce sera entièrement de sa faute ! » « Elle n'aurait pas été aux ordres, c'est sûr. Elle ne se serait pas laissé faire et il aurait fallu que Macron discute. C'est pour ça qu'il a choisi Jean Castex », affirme un Marcheur.

Missiles balistiques

Le président a toujours oscillé avec la patronne de « Libres ! » entre attraction et répulsion, multipliant à son endroit les micro-agressions.

Début 2020, elle a la désagréable surprise de découvrir qu'elle n'est pas conviée à *Choose France* (*NdA* : « Choisissez la France »), mini-Davos à la française que l'Élysée organise chaque année au château de Versailles dans le but de convaincre de grands patrons internationaux d'investir dans l'Hexagone. Lors de leur dernier entretien en 2019, Emmanuel Macron s'était emporté devant Valérie Pécresse contre les présidents de région qui, à son immense agacement, avaient boycotté ce sommet annuel, prestigieuse vitrine économique pour le pays. « Vous voulez plus de compétences de développement économique et vous ne venez pas à *Choose France* ! » vitupère-t-il. « Attends, je viens tous les ans ! C'est un très bel événement », réplique-t-elle. Quelques mois plus tard, elle ne reçoit pas de carton d'invitation. Elle remonte jusqu'à Matignon, qui la renvoie vers le cabinet du président. À force de pressions, elle finit par arracher le droit de participer, à la condition de se faire discrète. « Vous n'avez pas le droit de rencontrer les patrons. Seuls les ministres le peuvent », lui précise-t-on. Valérie Pécresse voit rouge. Les Yvelines, c'est chez elle ! Sa région débourse 500 000 euros par an pour l'entretien du château de Versailles. Elle menace : « Si vous m'empêchez de recevoir les patrons sur le site, comme je finance le château de Versailles, je les recevrai dans le bureau de la directrice », à savoir Catherine Pégard, ancienne journaliste au *Point*, devenue conseillère culture de Nicolas Sarkozy. Vingt-quatre heures avant l'inauguration de *Choose France*, l'Élysée cède.

À l'approche des régionales du printemps 2021, le président aligne ses missiles balistiques contre l'ancienne ministre de Nicolas Sarkozy. L'été qui précède, il recrute comme conseiller politique le député LREM (ex-LR) des Hauts-de-Seine Thierry Solère, qui connaît parfaitement la droite. Une déclaration de guerre pour Valérie Pécresse, qui le considère comme un ennemi personnel, convaincue qu'il veut sa peau et fera tout pour la faire trébucher.

Emmanuel Macron somme ensuite son ministre de l'Éducation nationale, Jean-Michel Blanquer, de se positionner comme tête de liste en Île-de-France pour les régionales, qui promettent d'être désastreuses pour la majorité. Il veut la détrôner, écarter de sa route cette concurrente dangereuse pour la présidentielle. Jean-Michel Blanquer et Valérie Pécresse se connaissent bien. Lorsqu'elle était ministre de l'Enseignement supérieur, elle l'a nommé recteur de l'académie de Créteil (Val-de-Marne). « On est copains, mais si tu deviens candidat aux régionales, il n'y aura plus de copinage », le prévient-elle.

Dans une nouvelle tentative pour affaiblir l'opposition, le chef de l'État fait savoir qu'il réfléchit à reporter les élections régionales de mars à décembre 2021... à cinq mois de la présidentielle. Un piège destiné à ligoter les trois turbulents présidents de région de droite qu'il soupçonne de convoiter son fauteuil, Xavier Bertrand, Valérie Pécresse et Laurent Wauquiez. Le plan est machiavélique : il revient à les contraindre de choisir entre se représenter à la tête de leur région ou postuler à la magistrature suprême. Accusé de « tripatouiller » le scrutin à des fins personnelles, Macron finit par renoncer.

Lorsque la campagne bat son plein, il tente la même opération qu'avec Xavier Bertrand en proposant un *deal* à la présidente de l'Île-de-France, pour mieux l'étouffer : si elle accepte de faire alliance avec La République en marche, il n'alignera pas de bataillons contre elle. Trop expérimentée pour tomber dans l'embuscade, elle balaie la proposition. Se marier avec la macronie, c'est l'assurance de ne plus pouvoir se présenter en 2022. En guise de mesure de rétorsion, Emmanuel Macron envoie contre elle quatre femmes ministres, dont Marlène Schiappa, et le porte-parole du gouvernement Gabriel Attal derrière la tête de liste Laurent Saint-Martin, qui peine à imprimer. Un naufrage.

Au soir du premier tour, la présidente sortante arrive en tête à 36,2 %, devant la liste RN conduite par Jordan Bardella et l'écologiste Julien Bayou. Les macronistes atteignent péniblement la quatrième place. La victoire de Pécresse n'en est que plus éclatante. Cela n'empêche pas le président de la féliciter le lendemain de vive voix.

« Dans tous les cas, elle est gagnante »

Valérie Pécresse se lance à l'assaut de l'Élysée le 22 juillet 2021. « Je suis candidate à la présidence de la République pour restaurer la fierté française. Je ne supporte plus qu'on parle au lieu d'agir. Nous devons rompre avec dix ans de mauvais choix, de demi-mesures, d'indécisions et, en fin de compte, d'affaissement de notre pays. Je veux faire, plutôt que chercher à plaire, s'engage-t-elle dans les colonnes du *Figaro*. Les femmes ne sont pas là pour jouer les numéros deux. »

Elle a beau aspirer à la première place sur le podium, ses pairs la regardent toujours avec condescendance. Dans sa famille politique, les fidèles de Xavier Bertrand lui vendent l'idée d'un ticket à l'américaine face à Emmanuel Macron : lui à l'Élysée, elle à Matignon. Encore, toujours, le second rôle. Quelques jours avant la candidature de Pécresse, Bertrand, informé des préparatifs qui se trament, décroche son portable pour tenter de la dissuader. « En septembre, j'aurai fait le trou dans les sondages », avance-t-il. « Tu as ton orgueil, Xavier, et j'ai le mien. J'ai des choses à dire », répond-elle.

La macronie non plus n'a pas renoncé à l'idée de l'enrôler, avant ou après les élections de 2022. Jean Castex, qui était secrétaire général adjoint de l'Élysée lorsqu'elle était ministre de Nicolas Sarkozy, regarde ce manège s'orchestrer sous ses yeux, pas dupe. « Pécresse, elle veut ma place ! Mais est-ce qu'elle irait à Matignon pour quelques mois ? » observe le Premier ministre devant les membres de son gouvernement. Quel intérêt pour la patronne de la première région, alors que se profile la présidentielle, sauf à passer pour « Valérie Traîtresse » ?

Le surnom lui colle à la peau depuis la primaire de la droite en 2016, quand cette ancienne proche de François Fillon avait préféré soutenir Alain Juppé, avant de revenir au bercail après la défaite de l'ancien maire de Bordeaux.

Le soupçon persiste, pourtant. On lui reproche de garder deux fers au feu, de jouer placé, quel que soit le résultat en 2022. « Dans tous les cas, elle est gagnante : elle sera présidente ou Premier ministre », prophétise l'un de ses amis politiques. « Si elle n'est pas désignée comme la candidate de la droite, ce sera fini. Elle aura soixante ans à la présidentielle de 2027. Donc si elle a un trou de souris pour devenir Première ministre, elle ira. Elle n'a pas enterré l'idée d'un ticket avec Emmanuel Macron. À Matignon, elle deviendrait la véritable patronne de la droite et elle ringardiserait Édouard Philippe et Gérald Darmanin », pronostique un haut responsable des Républicains, qui imagine le président réélu en coalition avec la droite. Valérie Pécresse se rengorge : « On m'explique que je serais une super numéro deux de Xavier Bertrand ou d'Emmanuel Macron. Quand je vais à la télévision déclarer que je veux être présidente de la République, on me demande si je veux être Premier ministre ! Aux régionales, j'ai battu Jordan Bardella, Julien Bayou et même Anne Hidalgo, car j'ai gagné en nombre de voix à Paris. Quand on bat toute la Ligue 2, on rentre en première division. » Elle présidente, elle fera mentir tous les « mâles blancs ».

13

L'homme qui valait un million

Cette rencontre marque, dans l'histoire de leur relation, un point de rupture. Jamais entretien entre eux n'avait été si tendu. Lorsqu'il foule le gravier blanc de la cour de l'Élysée pour regagner ses bureaux ce lundi de la fin mai 2021, Nicolas Sarkozy est déçu, amer. Furieux, en vérité. Passe encore qu'il ait été reçu entre deux portes, coincé dans l'agenda présidentiel entre une cérémonie de remise de rapport et un Conseil des ministres franco-allemand avec Angela Merkel. Mais qu'Emmanuel Macron ne daigne pas s'excuser des incorrections majeures commises à son endroit depuis plusieurs semaines, il ne l'accepte pas. À l'abri des hauts murs du Palais, les deux hommes ont percé tous les abcès.

À propos du Rwanda, pour commencer. L'ancien président a été meurtri que son successeur n'ait pas eu l'élégance de l'associer à sa visite officielle au « pays des Mille Collines », quatre jours plus tôt. Depuis le Mémorial du génocide de Kigali, Emmanuel Macron a reconnu la « responsabilité accablante » de Paris dans le génocide commis en 1994 par les Hutus contre les Tutsis. « La France a un rôle, une responsabilité, un devoir au Rwanda : celui de regarder l'Histoire en face et de reconnaître la souffrance infligée au peuple rwandais. La France n'a pas compris qu'elle restait de fait aux côtés d'un régime génocidaire», a confessé Emmanuel Macron, sans jamais citer son illustre prédécesseur. Nicolas Sarkozy s'étrangle. Qui fut le premier président français à se rendre sur place en 2010 pour amorcer la réconciliation avec le glacial Paul Kagame ? Lui ! Qui fut le premier chef de l'État à reconnaître les «erreurs politiques» commises par Paris et à dénoncer un «aveuglement» au plus haut niveau du pouvoir? Toujours lui. À l'époque de la tragédie, il était ministre du Budget et porte-parole du gouvernement d'Édouard Balladur. Le destin funeste de ce pays, le débat sur la repentance, la façon dont la France affronte son passé, le taraudent. Fin janvier, Nicolas Sarkozy était encore au Rwanda pour un séjour privé avec son épouse Carla et leur fille. Le président Kagame l'a reçu. «Vous auriez pu me proposer de vous accompagner, j'avais lancé les travaux!» lance l'Ex, froissé, à Emmanuel Macron.

Le «grand remplacement»

Un autre urticant s'invite rapidement dans la conversation : les élections régionales. En ouvrant *Le Journal du dimanche* du 1er mai, l'ancien président a été hautement contrarié de découvrir l'interview du Premier ministre acceptant la main tendue par Renaud Muselier, afin de nouer une alliance entre LR et LREM en Provence-Alpes-Côte d'Azur. Trop aguerri pour ne pas déceler la manœuvre, Nicolas Sarkozy comprend qu'un accord s'est tramé dans son dos, sans que nul ait songé à l'informer. Il cultive une affection particulière pour le Sud. Il garde ses habitudes à Nice, où il a sa table attitrée au restaurant La Petite Maison. Il s'y sent comme chez lui. Voir son successeur piétiner ce territoire en usant des méthodes politiciennes les plus éculées, laissant derrière lui un champ dévasté, n'est pas pour lui plaire. Emmanuel Macron aurait pu l'appeler, attendre son feu vert, s'étouffe-t-il. « Nicolas n'était absolument pas au courant pour *Le JDD* et Castex. Il a trouvé ça curieux… S'il avait été aux commandes, ça ne se serait pas passé comme ça », euphémise un proche.

Au-delà de la manière, le message subliminal qui lui est adressé est tout aussi désagréable. Alors qu'il sollicitait ses conseils au début du quinquennat et avait toujours la bienséance de l'informer lorsqu'il s'agissait des Républicains, Emmanuel Macron s'affranchit. Il braconne seul, désormais, le ravalant au rayon des vieilleries, comme si ses condamnations en première instance dans les affaires Bismuth et Bygmalion valaient bannissement. « À un an de la présidentielle, la recomposition politique engagée en 2017 avance à grands pas. En PACA, les Républicains sont coupés en deux ! Le "PR" est ravi », proclame un Marcheur, qui ose ce cri du cœur : « La droite, c'est nous ! C'est Roselyne Bachelot, Jean-Michel Blanquer, Bruno Le Maire, Gérald Darmanin, Édouard Philippe ou Sébastien Lecornu. Ce n'est plus le bureau politique de LR avec Éric Ciotti et Nadine Morano qui font des moulinets de bras. » Le « grand remplacement » de LR par LREM serait, à l'en croire, en voie d'achèvement.

Nicolas Sarkozy ne l'entend pas ainsi. En marge des commémorations du bicentenaire de la mort de Napoléon aux Invalides, il passe le message en mode aigre-doux à Richard Ferrand, premier confident d'Emmanuel Macron : « Il est étrange que le président de la République s'occupe des affaires du parti que j'ai créé sans m'en parler… » Le président de l'Assemblée nationale, qui a jeté les bases de La République en marche en 2016, s'efforce de déminer : « Rassurez-vous, il s'occupe aussi des affaires du parti que j'ai créé sans m'en parler[1] ! »

Le mal est fait. Entre les sarkozystes et la garde de fer macroniste, les portables chauffent. « Vous serez bien contents d'avoir notre soutien le moment venu », menacent les premiers. Nicolas Sarkozy en tient rigueur à un homme : Thierry Solère, bras armé de l'opération en PACA. Il connaît par cœur le député des Hauts-de-Seine, il l'a vu pousser. Le « 9-2 », c'est sa terre. Devant Emmanuel Macron, il fait valoir son mécontentement concernant les méthodes flibustières de son conseiller politique.

En quittant l'Élysée d'un pas pressé, l'Ex hoche la tête. Les deux présidents sont convenus de se revoir. Mais quelque chose entre eux est brisé.

« T'as intérêt à te préparer ! »

Au soir du premier tour des régionales, l'ancien président rumine, inquiet. Pas tant pour sa famille politique. Ses pensées vont à son vieux compagnon de route, l'avocat Thierry Herzog, au plus mal. En marge d'une audience du procès Bygmalion au tribunal correctionnel de Paris, il a dû être hospitalisé en urgence[2]. Ses jours ne sont plus en danger, mais rien ne garantit qu'il récupérera

1. Propos rapportés par *Le JDD* du 9 mai 2021, et confirmés aux auteurs par l'entourage de l'ancien président.

2. Dans cette ténébreuse affaire de dépassement des dépenses de sa campagne présidentielle de 2012, Nicolas Sarkozy a été condamné le 30 septembre 2021 à un an de prison ferme pour « financement illégal de campagne électorale ». Il a fait appel et est donc présumé innocent.

toutes ses facultés. C'est Nicolas Sarkozy qui s'est rendu compte qu'il faisait un malaise. Revenant s'asseoir à ses côtés après avoir livré sa déposition à la barre, il trouve les propos de son ami décousus, confus. Il hèle aussitôt son officier de sécurité. Thierry Herzog est prestement évacué. Cruel printemps.

Lorsque commencent à tomber en début de soirée les résultats du scrutin, l'œil de l'ancien président se remet à pétiller. Les Républicains, suprême surprise, s'acheminent vers une confortable victoire avec la reconduction de tous leurs sortants. Le parti présidentiel est balayé, les ministres candidats au tapis et l'abstention sans précédent. Voir les cinq poids lourds du gouvernement dépêchés dans les Hauts-de-France mordre la poussière le réjouit tout particulièrement. Non qu'il n'apprécie pas Éric Dupond-Moretti. En privé, le garde des Sceaux ne livre-t-il pas cette conviction intime : « Les juges veulent mettre Sarko au trou ! » ? Cela le ravit. Mais imaginer Emmanuel Macron, inscrit sur les listes électorales au Touquet, contraint de glisser un bulletin Bertrand au second tour, voilà qui lave tous les affronts. « La France est à droite, l'électorat n'a jamais été aussi proche des Républicains. Il se cherche avidement un leader, commente l'Ex devant les siens. Le parti au pouvoir qui fait 10 %, c'est du jamais vu ! Macron ne sait pas quoi faire. Deux Français sur trois qui ne votent pas, c'est inédit. Et il va devoir voter pour son meilleur adversaire… »

Sonnée après le coup de Jarnac en PACA, l'opposition se remet à y croire. Les Républicains ne sont pas morts, ils respirent encore. « En 2022, si on ne déconne pas, c'est pour nous ! Cette élection va se jouer à droite et Macron va payer l'addition, trompette un baron des Républicains. Tous ceux qui ont flirté avec lui viennent de réaliser que l'avenir n'est pas à LREM. L'idée d'une fusion-acquisition entre les deux partis est morte ! » *Exit* les tractations d'alcôve et autres pactes faustiens. Nicolas Sarkozy comprend qu'il n'aura peut-être d'autre choix que de soutenir son camp au premier tour de la présidentielle, sauf à se voir reprocher de précipiter sa disparition. « Il ne veut pas la mort de sa famille politique, il y est très attaché. Il a sa carte à LR, il participe aux élections internes, notamment celles dans les fédérations, répète son entourage, conscient que la complicité affichée avec le président en début de mandat a troublé. Il était dans une logique de bienveillance envers Emmanuel Macron, prêt à l'aider, mais il y a une déception. Il ne comprend pas ses choix. »

Il n'a échappé à personne en macronie que l'ancien président, contrairement à la quasi-intégralité de la classe politique, n'avait pas condamné publiquement la gifle infligée à son successeur par un obscur militant, en marge d'une étape du Tour de France, le 8 juin, dans la Drôme. Pour le chef de l'État, qui a snobé les offres de service de son prédécesseur, le temps se gâte. En ces heures de turbulences, Emmanuel Macron songe à remplacer Jean Castex pour reprendre son élan. Les pistes Gérald Darmanin, Bruno Le Maire et Jean-Michel Blanquer sont explorées à l'aile droite de la majorité, celle de l'ancien socialiste Richard Ferrand sur le flanc gauche de LREM. Dans les couloirs du pouvoir, certains agitent le nom du sarkozyste François Baroin, pour parachever la destruction de la droite. L'idée meurt d'elle-même. Au lendemain des régionales, le Premier ministre apprend qu'il est reconduit dans les colonnes du magazine féminin *Elle*. En réunion avec les députés LREM, il se penche vers Ferrand et lui glisse cette virile boutade : « Il vaut mieux apprendre dans *Elle* qu'on est gardé que découvrir dans *Lui* qu'on est viré ! »

L'été qui suit ce revers électoral, le président comprend qu'il est un colosse aux pieds d'argile, un Jupiter sans sceptre pour faire tomber la foudre. Il peut être évincé de la présidentielle au soir du premier tour. Nicolas Sarkozy dresse le même constat en privé et se prend à imaginer les scénarios les plus fous. Et si le second tour opposait Éric Zemmour au Vert Yannick Jadot ? « À l'approche des élections, Macron sera soit faible, soit très très faible », prophétise-t-il. Il a comparé leurs scores respectifs au premier tour (24 % pour Emmanuel Macron en mai 2017, 31,2 % pour lui dix ans plus tôt) et en a tiré la conclusion que son cadet était en zone de grand danger.

Lucide sur ses chances de réélection, Emmanuel Macron se prend durant la coupure estivale d'un vif intérêt pour la compétition qui démarre à droite entre Valérie Pécresse et Xavier Bertrand. Peu familier des procédures d'appareil, il écoute tout, lit tout, veut tout comprendre de la façon dont les Républicains vont désigner leur champion. Il croyait la droite embaumée, la voilà sortie du formol. Sa victime bouge encore. Pire, elle crie vengeance. Dix ans de cure d'opposition ont aiguisé les appétits. Emmanuel Macron a-t-il encore la « gnaque » pour l'affronter ?

« Il est de moins en moins jeune ! Surtout quand on regarde ses cheveux », brocarde Nicolas Sarkozy. Sous le poids de la charge et l'ampleur des crises qu'il a dû affronter, des Gilets jaunes aux manifestations géantes contre la réforme des retraites, jusqu'à la pandémie, la chevelure du président a prématurément blanchi. S'il n'est pas réélu, il achèvera son mandat à l'âge de quarante-quatre ans. Déjà, les rides ont creusé leur lit sur son visage. Brigitte Macron en sourit : malgré leurs vingt-quatre années d'écart, il la rattrape ! A-t-il encore cette soif de briser les codes, cette fraîcheur qui avait fait sa force et séduit le pays ? Il vient de passer presque cinq ans dans le cocon ouaté du Palais, où des huissiers déférents ouvrent les portes sur votre passage et les conseillers vont au-devant de vos désirs. Peu osent le contredire sans le ménager. Son épouse est l'une des rares. Elle demeure sa conseillère spéciale, son *sparring-partner*, son associée. Est-il prêt à plonger dans la fange d'une campagne brutale, plus droitière que jamais ? Un soir qu'il regarde Éric Zemmour à la télévision, l'un de ses amis, saisi par le doute, compose le numéro du président. Il veut le mettre en garde : « Dis, t'as intérêt à te préparer, mon coco, parce qu'il est bon ! » « Emmanuel sait très bien que ça va être compliqué, confie un intime. Sa marque de fabrique, c'est d'être un combattant, un bagarreur. Plus il y a d'adversité, plus il y va. Vu sa culture historique, être le premier président à faire deux quinquennats, ça le fait bander ! »

Faiseur de rois

Au grand jeu de savoir qui il soutiendra, d'Emmanuel Macron ou du candidat de la droite, Nicolas Sarkozy entretient le mystère. Combien pèse-t-il encore dans les urnes, dix ans après la fin de son mandat ? Combien de voix peut-il déplacer selon qu'il lève ou abaisse le pouce ? Là où François Hollande a perdu toute autorité à gauche en ne se représentant pas, l'ancien président demeure la figure tutélaire pour le peuple de droite. Jusqu'aux jeunes Républicains qui, rassemblés à la sortie de l'été 2021 au

Parc floral du bois de Vincennes, se trémoussent au son d'un morceau reprenant l'un de ses discours, avec sa voix sur fond de *beat* électro. Un must des soirées LR. Nicolas Sarkozy, c'est un nom, une marque, le dernier président de droite, sauf à intégrer dans cette catégorie Emmanuel Macron. « Sarko, c'est quelqu'un qui déplace au minimum un million de voix à lui tout seul. Il a son fan-club, ça compte », calcule un conseiller du président. « Ça peut faire bouger un, deux ou trois points au premier tour de la présidentielle », complète un autre stratège macroniste. Soit 475 000 à 1,4 million de voix sur un corps électoral de 47 millions d'inscrits. Colossal, sur le papier. « Sarkozy a du poids. Ce qu'il dira comptera », affirme le ministre de l'Économie Bruno Le Maire, qui s'entretient régulièrement avec lui[3]. C'est sans compter les électeurs que son soutien pourrait faire fuir à gauche. « Il est difficile d'évaluer la part de marché réelle de Nicolas Sarkozy, comme de quantifier le rejet qu'il suscite. Son ralliement apporterait en même temps de l'adhésion et du rejet. Au final, c'est un jeu à somme nulle », évalue Sylvain Fort, ex-« plume » de l'Élysée et expert en stratégie politique[4].

Plus que son soutien, c'est sa neutralité bienveillante qu'il convient de conquérir. Mieux vaut l'avoir avec soi. « Si demain il se met à faire du François Hollande et à mitrailler Macron, ça peut être déstabilisant », se prend à espérer le député des Alpes-Maritimes et candidat LR Éric Ciotti[5]. « Macron sait très bien que si Sarko adoube quelqu'un à droite, ce sera emmerdant pour lui, mais pas dramatique », nuance un ministre. Raison pour laquelle

---

3. Entretien avec l'un des auteurs, le 10 juin 2021.
4. Entretien avec l'un des auteurs, le 9 septembre 2021.
5. Entretien avec l'un des auteurs, le 28 septembre 2021.

le président continuera jusqu'au dernier jour à le traiter et les postulants à la candidature de LR à défiler dans ses bureaux, passage obligé. L'Ex ne se dérobera pas, il l'a promis, et livrera sa préférence. Il veut être faiseur de rois. «Il parlera tard, très tard, et vous verrez qu'il ira vers celui que les sondages donneront vainqueur», grince une figure de LR.

A-t-il tant envie, au fond, qu'un président de droite s'installe dans le Salon doré du Palais ? En son for intérieur, il méprise ses anciens ministres, qu'il ne juge pas à la hauteur de la fonction. Alors que la compétition bat son plein chez les Républicains, Nicolas Sarkozy reçoit tous les postulants, de Valérie Pécresse à Michel Barnier, sans rien dévoiler de ses pensées. Brouillant les cartes, il va jusqu'à déjeuner avec Emmanuel Macron le 9 septembre à l'Élysée, au moment où les aspirants à sa succession livrent leur grand oral devant les parlementaires Les Républicains réunis à Nîmes. Du «en même temps» à la mode sarkozyste. À moins qu'il n'aide Emmanuel Macron à réussir là où lui-même a échoué, en devenant le premier chef de l'État réélu sous la Ve République hors cohabitation. L'opinion sera son juge de paix. «Il soutiendra celui qui gagnera la compétition à droite, parie un haut responsable des Républicains. Si notre candidat s'installe à 14-15 % des voix, il ne prendra pas le risque d'apparaître comme le destructeur de la droite. Mais si le candidat plonge à 7-8 % et que la droite est sûre d'être éliminée, il ira voir Emmanuel Macron pour lui proposer un *deal.*» À propos du président, le patriarche a ces mots qui sonnent comme une sommation : «C'est moi qui détiens entre mes mains la clé de son succès ou de son échec.»

Il existe un scénario dramatique qui verrait le retraité Sarkozy appeler sans réserve à soutenir son ambitieux cadet, se détournant ainsi de sa famille politique : si la république se trouvait menacée par les extrêmes. Jamais Nicolas Sarkozy ne laissera Jean-Luc Mélenchon, Marine Le Pen ou Éric Zemmour s'emparer du pouvoir sans coup férir.

Contrairement à nombre de personnalités de droite, qui lui trouvent des circonstances atténuantes, il n'apprécie pas l'ancien journaliste du *Figaro*, à la plume si fielleuse à son endroit. Éric Zemmour consacre d'ailleurs un passage corrosif de son dernier livre[6] à la défaite électorale de l'Ex en 2012, intitulé : « L'homme qui s'aimait trop ». Il le dépeint en président « engoncé, timoré, pusillanime », qui s'est embourgeoisé au fil de son quinquennat sous l'effet des fréquentations germanopratines de sa chanteuse d'épouse et qui, pour complaire aux électeurs de gauche, aurait renoncé à l'audace et trahi les valeurs de la droite, version RPR canal historique. Il rapporte même cette perfidie de Patrick Buisson, ancien mentor honni de Nicolas Sarkozy, au lendemain de la présidentielle ratée : « Il n'a pas voulu salir son costume. » En entendant le polémiste et presque candidat plaider pour la francisation des prénoms, à six mois de l'élection suprême, l'ancien président frémit. Lui, le « petit Français de sang mêlé » qui a donné à sa fille un prénom italien, Giulia. Lui qui, en 2016, avait été révulsé de voir Éric Zemmour s'en prendre à son amie Rachida Dati pour avoir donné à sa fille un « prénom musulman », Zohra, celui de sa mère disparue.

Emmanuel Macron, comme lui, a compris la menace. Et si le polémiste, après son entrée fracassante dans le

6. *La France n'a pas dit son dernier mot*, Rubempré, 2021.

débat présidentiel, se qualifiait au second tour ? « On assiste à une résurgence maurrassienne dans le pays. Éric Zemmour, c'est le nouveau Charles Maurras », analyse la « plume » Sylvain Fort. Pour contrer cette météorite venue percuter violemment la planète politique, ils ne seront pas trop de deux.

Épilogue

Les macronistes font un rêve : au soir du second tour de la présidentielle de 2022, leur champion met en déroute Marine Le Pen. Pour la première fois depuis l'instauration du quinquennat vingt ans plus tôt, un président sortant parvient à conserver son fauteuil. Une performance que ni François Hollande ni Nicolas Sarkozy n'ont accomplie avant lui. Le clivage gauche-droite est définitivement mort et repose dix pieds sous terre. La recomposition politique est arrivée à son terme, scindant le pays en deux : les progressistes face aux conservateurs. La droite, qui essuie sa troisième défaite d'affilée aux portes de l'Élysée, n'est plus qu'un grand cadavre à la renverse, le fantôme de feu le RPR et l'UMP.

« J'aime quand un plan se déroule sans accroc », aime à répéter le chef de l'État. Dans ce scénario idéal, il aurait gagné son pari sur toute la ligne. Ce rêve, il l'a maintes fois caressé durant son mandat. « Ça reste le plan. Tout se passe comme on l'avait imaginé, à peu de chose près. Nos adversaires s'écharpent et lui reste au-dessus de la mêlée », dessine à l'automne 2021 l'un de ses exégètes, qui compte les jours jusqu'à l'élection suprême et surveille le moindre changement brutal de la météo politique.

Fin septembre 2021, le secrétaire général de l'Élysée, Alexis Kohler, lève un sourcil inquiet. Les sondages placent pour la première fois Éric Zemmour au coude à coude avec les candidats de droite, voire au second tour. Marine Le Pen décroche, laissant entrevoir sa possible élimination dès le premier tour. En quelques jours, l'ancien chroniqueur star de Laurent Ruquier et de la chaîne CNews, pas encore candidat déclaré, a révolutionné la galaxie politique. Il est devenu le soleil autour duquel les planètes gravitent. Les médias se l'arrachent, lui offrant un gigantesque porte-voix. Ses déclarations tapageuses affolent les courbes d'audimat.

En face, les Républicains n'ont toujours pas de candidat désigné et la fille de Jean-Marie Le Pen, qui conduit sa troisième et dernière campagne, a perdu son *tempo*. « Tous les scénarios sont possibles, même les plus invraisemblables. Les Français sont arrivés à un tel point de rupture qu'ils vont peut-être se dire : “Le changement radical, on l'a essayé avec un très jeune président tout neuf dans le paysage politique. On n'a pas obtenu ce qu'on souhaitait, alors on va essayer le candidat antisystème absolu” », redoute un important ministre. Le grand saut dans l'inconnu.

On ne mesure pas suffisamment la portée d'une autre innovation, institutionnelle cette fois. S'il est réélu, Emmanuel Macron deviendra le premier président de la Ve République à ne plus pouvoir se représenter. Depuis la réforme constitutionnelle voulue par Nicolas Sarkozy en 2008, le bail du pensionnaire de l'Élysée ne peut excéder dix années. Sans que l'on sache si cela fera de lui l'eunuque du sérail, privé de toute autorité et condamné à regarder les aspirants à sa succession le défier ; ou un dirigeant omnipotent qui, libéré de l'obligation de plaire aux Français, réformera le pays comme jamais.

Un peu des deux sans doute dans le cas d'Emmanuel Macron, encore quadragénaire. « Le soir de sa réélection, ça va être horrible ! À la minute qui va suivre l'apparition de son visage à la télé, la guerre de succession va démarrer pour 2027. Ce sera *Game of Thrones* ! » redoute un des chevau-légers de la macronie. Déjà, Gérald Darmanin et Laurent Wauquiez se positionnent sur cette échéance lointaine.

Édouard Philippe aussi. S'il a rejoint le président au premier coup de sifflet à la rentrée 2021, il prépare activement la suite. « Fais attention à lui. À un moment, il finira par s'affranchir », avait soufflé François Hollande à Emmanuel Macron lors de leur passation de pouvoir en 2017. « Il me doit tout. Je l'ai sorti du ruisseau », avait balayé le président fraîchement élu en raccompagnant son prédécesseur sur le perron. « Parfois, le fait de tout devoir à quelqu'un n'empêche pas de trahir », avait achevé le socialiste, devant la mine pincée de son ancien protégé.

Le maire du Havre a beau s'être engagé à soutenir Emmanuel Macron pour la présidentielle, il joue désormais sa partition, défend ses propositions, organise ses réseaux pour les monnayer telle une troupe de mercenaires. Alors que le président multiplie les cadeaux préélectoraux à coups de milliards d'euros, l'ancien Premier ministre alerte sur la dette et épingle les nouveaux convertis à l'« argent magique ». Début octobre, il franchit un nouveau pas depuis sa ville du Havre, en lançant très officiellement son propre parti « Horizons » devant quelque trois mille supporteurs. « Édouard fera entendre sa voix dans la campagne. Ceux qui pensent que son soutien a valeur de trophée à ranger sur l'étagère se trompent », préviennent ses supporteurs.

S'il est reconduit, Emmanuel Macron aura-t-il les moyens d'imposer ses vues ? À moins qu'il n'échoue de justesse. Cela lui donnerait, paradoxalement, une puissante liberté. « Personne n'irait l'attaquer, car rien ne l'empêcherait de revenir cinq ans plus tard », murmure un proche. Ce scénario du retour, un autre homme l'a caressé avant lui : Nicolas Sarkozy. En mai 2027, ils auraient respectivement quarante-neuf et soixante-douze ans. À la fin, il n'en restera qu'un.

Remerciements

Merci aux élus, ministres de la République, conseillers de l'ombre ou autorisés, confidents et adversaires de ces deux présidents, qui nous ont accordé temps et confiance pour percer les mystères de leur relation et de leur duel feutré pour le leadership de la droite.

Merci à nos proches de leurs encouragements de chaque instant au cours de ces longs mois d'investigation, leur immense patience et leur relecture attentive. À Joy, Cédric et Virgile, qui comptez plus que tout. À Cécile, Émilie et Victor, qui donnez tant de sens aux choses de la vie.

Merci à Thierry, notre éditeur adoré, et à ses admirables équipes de leur soutien indéfectible dans les heures de fatigue et les éclats de rire partagés.

Merci aux responsables de nos rédactions, *Le Parisien-Aujourd'hui en France* et *Le Point*. Sans votre bienveillance, cet ouvrage n'aurait pu voir le jour.

Table

Prologue 9

PREMIÈRE PARTIE
L'IDYLLE

1. Ils se sont tant aimés 19
2. DRH de la macronie 35
3. « Tout ça va mal finir » 53
4. Pandémie 67

DEUXIÈME PARTIE
POKER MENTEUR

5. *Blitzkrieg* 87
6. Un intrus prénommé Édouard 103
7. Le prince de l'ambiguïté 121
8. Liaisons dangereuses 137

TROISIÈME PARTIE
EN CHIENS DE FAÏENCE

9. Pacte faustien 155
10. Les « jaunes » 169

QUATRIÈME PARTIE
L'HEURE DES DOUTES

11. La revance du « petit Chose » 189
12. L'« orgueil » d'une femme 209
13. L'homme qui valait un million 223

Épilogue 235
Remerciements 241

Ce livre existe grâce au travail de toute une équipe.

Communication : Caroline Babulle, Sandrine Perrier-Replein, Typhaine Maison, Adélaïde Yvert.

Coordination éditoriale et administrative : Céline Poiteaux, Martine Rivierre.

Studio : Pascaline Bressan, Barbara Cassouto-Lhenry, Joël Renaudat.

Fabrication : Muriel Le Ménez, Céline Ducournau, Bernadette Cristini, Sophia Paroussoglou, Phousa Chantharath, Isabelle Goulhot, Émilie Lapan (Canada).

Correction : Emmanuelle Coppeaux, Valérie Gautheron.

Commercial, relation libraires et marketing : Laetitia Beauvillain, Alexandra Profizi, Élise Iwasinta, Morgane Rissel, Aurélie Scart, Clément Vekeman.

Cessions de droits : Isabelle Votier, Benita Edzard, Lucile Besse, Sonia Guerreiro.

Gestion : Sophie Veisseyre, Chloé Hocquet, Isabelle Déxès, Camille Douin.

Service auteurs : Viviane Ouadenni, Jean-François Rechtman, Catherine Reimbold.

Ressources humaines : Mylène Bourreau.

Juridique : Laëtitia Doré, Anaïs Rebouh, Valérie Robe, Jean-Benoît Vassogne, Julia Crosnier.

Diffusion : Aurélia Spalacci (directrice des ventes), Nadine Eugénie, Céline Pitt, Arnaud Weill, Hervé Adamczyk, Annie Bourgade, Éric Charpentier, Gilles Couillard, Sandrine Ducrocq, Élisabeth Ehlinger, Guillaume Loras, Jean-Philippe Pilloux, Philippe Maulnier, Gilles Torché, Élisabeth Gastaldo, Jean-Pierre Stephany (Belgique), Olivier Béguin (Suisse), Jean Bouchard et Marie-Ève Provost (Canada), Emmanuelle Cadot, Virginie Godet et Caroline Pan.

Avec le soutien des équipes d'Interforum et d'Editis qui participent à la création, la diffusion et la distribution de ce livre.

Canoros Vehit Canentes

La photocomposition de cet ouvrage
a été réalisée par
GRAPHIC HAINAUT
30, rue Pierre-Mathieu
59410 Anzin

MIXTE
Papier
FSC FSC® C003309

L'éditeur de cet ouvrage s'engage dans une démarche de certification FSC® qui contribue à la préservation des forêts pour les générations futures.

Pour en savoir plus :
www.editis.com/engagement-rse/

Imprimé en France par CPI
en novembre 2021

N° d'édition : 62720/01 – N° d'impression : 3045848